U0495498

陈忠实画传

邢小利 著

陕西师范大学出版总社

图书代号　WX22N0164

图书在版编目（CIP）数据

陈忠实画传 / 邢小利著. —西安：陕西师范大学出版总社有限公司，2022.5
　ISBN 978-7-5695-2673-8

Ⅰ.①陈… Ⅱ.①邢… Ⅲ.①陈忠实—传记—画册 Ⅳ.①K825.6-64

中国版本图书馆CIP数据核字（2021）第236888号

陈忠实画传
CHEN ZHONGSHI HUAZHUAN

邢小利　著

出 版 人	刘东风
责任编辑	张旭升
责任校对	邓　微
出版发行	陕西师范大学出版总社
	（西安市长安南路199号　邮编 710062）
网　　址	http://www.snupg.com
印　　刷	陕西龙山海天艺术印务有限公司
开　　本	710 mm×1000 mm　1/16
印　　张	21
插　　页	4
字　　数	249千
版　　次	2022年5月第1版
印　　次	2022年5月第1次印刷
书　　号	ISBN 978-7-5695-2673-8
定　　价	98.00元

读者购书、书店添货或发现印装质量问题，请与本公司营销部联系、调换。
电话：（029）85307864　85303635　传真：（029）85303879

目录

01 西蒋村 / 001

02 不要耽搁了自己的行程 / 009

03 爱上了文学 / 019

04 "神童"的启示 / 029

05 文学道路上的第二个导师 / 037

06 小学民请教师 / 045

07 看不见未来的文学自修 / 051

08 "处女作"的诞生 / 061

09 "半个艺术品"修复了文学神经 / 067

10 《接班以后》一炮打响 / 077

11 《无畏》之畏 / 085

12 《信任》获奖,重拾信心 / 099

13 在灞桥文化馆的日子 / 113

14 蛰居乡村的写作生活 / 125

15 "剥离"与"寻找" / 139

16 《人生》的"打击"与《康家小院》的"新生" / 157

17 生命的警钟 / 171

18 "寻根"与"挖祖坟" / 181

19 "作家"与"书记"之间 / 193

20 "咋叫咱把事给弄成了!" / 203

21 《白鹿原》的出版 / 223

22 《白鹿原》解读 / 237

23 持续二十多年的火与热 / 249

24 主席之位 / 267

25 原下的日子 / 281

26 送别 / 303

附录一　陈忠实年表 / 313

附录二　陈忠实著作年表 / 317

01 / 西蒋村

我的祖居的家园在一个不足百户人家的村子里。老祖宗选择这块南倚白鹿原北临灞河的风水宝地生息繁衍,在以纺车和石磨为生存的基本手段的农业社会是极富于眼光的选择。

——陈忠实《五十开始》

< 1960年，母亲贺小霞、哥哥陈忠德、妹妹陈新芳合影

1942年8月3日，陈忠实出生于灞河南岸、白鹿原北坡下的西蒋村（当地人简称蒋村）。这一天是农历的六月二十二，在五行中属火。这一年按中国人的属相说，是马。

陈忠实后来说，他的生命中缺水，不知与这个火命有无关系。他母亲说，陈忠实落地的时辰是三伏天的午时。落地后不过半个时辰，全身就起了痱子，从头顶到每一根脚趾头，都覆盖着一层密密麻麻的热痱子。只有两片嘴唇例外，但却暴起苞谷粒大的燎泡。整整一个夏天，他身上的热痱子一茬儿尚未完全干壳，新的一茬儿又迫不及待地冒出来，褪掉的干皮每天都可以撕下小半碗。很多年后，陈忠实在他的一篇散文《回家折枣》中写道，曾有一个乡村"半迷儿"的卦人给他算过命，说他是"木"命。他父亲喜欢栽树，他自小受父亲的影响，后来也喜欢栽树，也许就是应了"木"命之说。

西蒋村如今隶属陕西省西安市灞桥区席王街道办（原属毛西公社、毛西乡、霸陵乡），是一个很小的村子。村以"蒋"名，却没有一个蒋姓。除了几户姓郑的村民，西蒋村村民大都姓陈。西蒋村、东蒋村和位于白鹿原半坡上的史家坡这三个自然村，相距很近，同办一所初级小学。据1989年版作为内部资料印行的《西安市灞桥区地名志》介绍，咸宁、长安两县续志载，东、西蒋村原来是一个村，1936年，蒋村分为东、西二村。居东者名东蒋村，居西者名西蒋村。西蒋村，位于灞河南岸白鹿原北坡下，58户，263人，耕地403亩。

据陈忠实的哥哥陈忠德介绍，陈姓祖先应该是在清朝嘉庆年间或嘉

︿ 西蒋村，祖居老屋门前

庆前从别处迁移而来的。何处迁来，难以查考。陈忠德回忆说，当年西蒋村的东边和西边各有一个小庙，"文革"中"破四旧"时被拆毁，庙里供奉的佛像也未能幸免。拆庙毁佛时，他在现场看热闹，看到一尊泥胎佛像身子中间是一根木棍，木棍外边绑着稻草，稻草上面再糊泥，这样泥塑的佛像结实。他说他记得很清楚，棍子上还绑着一本老皇历，他当时把那本老皇历拿回家了，翻看时记得其中有一页上画有红色标记，他认为那个红色标记应该就是建庙的吉日。可惜这本皇历后来不知去向。他还记得，佛像胸前有个护心镜，护心镜是一个嘉庆元宝。由此判断，村中建庙之年当为嘉庆年间。村子建庙，应该是于村子初成规模之时。据祖传的说法，西蒋村陈氏家族的祖先迁移到这个村子后，曾给后代起名字排辈分，一共起了十个字，现在这十个字已经用完。陈忠德说，他们现在只能记得后六个辈分的字，依次是国、嘉、步、广、忠、永。"永"字辈的都是于中华人民共和国成立后出生的。十个名字就是十辈，一辈的岁数差距大致按二十年算，十辈人也就是二百年的样子。算起来，从清朝嘉庆年间至今，也就是二百年多一点，时间大致能对上。因此推

∧ 祖居老屋前院

断,陈氏家族居于此地或者说西蒋村的历史大致也就是二百多年。

据现在可考的历史看,蒋村的陈家是一个世代农耕之家。除了"耕"之外,陈家还重视另外一个"家之脉",就是"读"。"耕读传家",是中国人也是乡村文化最基本的价值和生活信念:种地,也还读书。"耕",是人与土地的关系,解决的是人的生存问题;"读",是人与文化的关系,解决的是人的文化和精神传承问题。

陈忠实的曾祖父陈嘉谟,曾是私塾先生。其人个子很高,腰杆儿总是挺得又端又直。他从村子里走过去,那些在街巷里、在门楼下袒胸露怀给孩子喂奶的女人,全都吓得跑回自家,或就近躲进村人的院门里头。

陈忠实的祖父陈步瀛,也做过私塾先生。陈步瀛这一辈有兄弟三人,分属两支,是堂兄弟。陈步瀛为一支,单传;到陈忠实的父亲陈广禄,仍是一个,单传。另一支两个"步"字辈的是亲兄弟,他们是陈忠实的祖父辈。其中老大去世早,陈忠实没见过其面。老大有两个儿子,属"广"字辈,是陈忠实的叔父。老二在分家时住于陈家祖屋上房和门房之间西边的厦屋,陈忠实这一茬孙子称其为厦屋爷。厦屋爷有两个儿子,

∧ 西蒋村老家屋室　　　　　　　　　　　　　　∨ 陈忠实父亲陈广禄

据说都属于不安分守己种庄稼过日子的人，跟着一个外来人走了，后来一前一后各回来过一次又走了，此后再无消息。于是就把老大的小儿子过继给了厦屋爷。这个小儿子是个孝子，他把厦屋爷从厦屋搬到了上房的西屋。陈忠实稍长，有了一些辨识能力的时候，他看到的厦屋爷已经出进于上房的西屋了。

陈忠实对爷爷辈的人唯一见过面还有印象的，就是这个厦屋爷。但是这个厦屋爷也在陈忠实八九岁时就去世了。这个厦屋爷与孙子辈关系不太亲密，陈忠实对他的印象模糊而陌生，留下来的唯一的印象，是他手里总捏着一根超长的旱烟杆儿，抽烟时需要伸直一只胳膊，才能把燃烧的火纸够到装满烟末子的旱烟锅上。直到近四十年后，陈忠实在创作《白鹿原》的时候，他要写差不多就是祖父那一辈人物的性格和命运的时候，

2010年，西蒋村老屋，陈忠实（左）与哥哥陈忠德（右）。邢小利摄

鬼使神差似的，他恍惚中忽然听到了厦屋爷在夜深时的呻唤声，那一声重一声轻的沉沉的呻唤声，在刹那间忽然唤醒了他沉眠已久的某些记忆。这当然是后话。

陈忠实祖居的老屋坐落在白鹿原北麓，坐南朝北，面向灞河和骊山南麓。陈忠实回忆，本门族的一位爷爷给他说，他们这个门族的最早一位祖先，是一个很能干的人。这位祖先在村子里先盖起了陈姓聚居的第一个四合院，尔后积累了数年，又紧贴着这个四合院在西边建起了第二个四合院。他的两个儿子各据一个，后来就成为东门和西门。陈忠实是东门的子孙。陈忠实懂事起，就记得东门里居住着他的父亲和两位叔父。西门人丁更为兴旺，那个四合院已经成了名副其实的八家院。东门和西门后来再未出现过太会经营治家的人，后人都聚居在这两个四合院里，没有再添一间新房，也就无人迁出老宅，直到1949年中华人民共和国成立。

陈氏家族应该在陈忠实曾祖父陈嘉谟那一代就确定了分家的格局，陈忠实的祖父陈步盈和父亲陈广禄在同辈兄弟中居长，东为上，陈广禄便继承了上房东屋和中院东边的厦屋。在上房的东屋和西屋之间是一间明室，作为两家共有的通道，而东屋和西屋则是窗户对着窗户、门对着门，其间的距离不过三大步四小步。陈忠实家的两间厦屋用土坯隔开，南边的做厨房，北边的养牛做牛圈。陈忠实一家人住在上房东屋。这是陈忠实出生后至成年相当长一段时期内的家庭院落格局。

陈忠实出生的时候，祖父陈步盈已经过世。在散文《家之脉》中，陈忠实回忆祖父留下的遗物，是当过先生的祖父用毛笔抄写的一堆书，行话叫"抄本"。祖父的遗物实际上也是一份遗产，遗产中最为珍贵的，应该是其包含的一些中国人根深蒂固的文化信念，也就是他父亲陈广禄所说的，"当先生先得写好字，字是人的门脸"，也包含了一些源远流长的文化信息，这需要陈忠实在后来的日子里长久地去体悟。

父亲陈广禄生于1906年，是一个地道的农民。但他会打算盘，也能提起毛笔写字，还能读小说、剧本乃至《明史》这样的书。这在当时的农村，算是有些文化的人。陈忠实说："父亲是一位地道的农民，比村子里的农民多了会写字会打算盘的本事，在下雨天不能下地劳作的空闲里，躺在祖屋的炕上读古典小说和秦腔戏本。他注重孩子念书学文化，他卖粮卖树卖柴，供给我和哥哥读中学，至今依然在家乡传为佳话。"[陈忠实:《家之脉（代序）》，见《家之脉》，广州出版社2000年版，第3页]陈忠实从对父亲的评价说到了家族之脉。他说，从做私塾先生的祖父到他的孙儿这五代人中，他的父亲是最艰难的。他父亲既没有祖父那样的做私塾先生的地位和经济，作为一个新时代的中国农民，土地和牲畜都交了公，也无法从中获取可能有的劳动创造，可以说一无所有，但还是心强气盛，拼死也要供着两个儿子读书。父亲陈广禄的耐劳、勤俭以及性格的耿直，同左邻右舍的村人并无多大差别，但是父亲坚信不疑的文化意识却是陈家最可称道的东西。陈家虽然说不上是书香门第，但对文化的敬重，对子女教育的重视，耕而且读，这才是陈家几代人传承不断的脉。

陈忠实的母亲贺小霞，生于 1915 年 8 月 20 日，是白鹿原上的狄寨镇伍坊村人。

陈忠实上有一姐陈希文，一哥陈忠德，下有一妹陈新芳，他排行为三。陈忠德高中只上了一年，就在"大跃进"的第一年即 1958 年被招工到青海参加工作，"大跃进"失败后，青海兴建的厂矿和学校纷纷下马关门，陈忠德别无选择，只好和当时的许多陕西青年一样，回到老家，当了人民公社的社员。

父亲陈广禄是地道的农民，他当年对陈忠实的要求很实际。"要我念点书，识得字儿，算得数儿，不叫人哄了就行了。他劝我做个农民，回乡务庄稼，他觉得由我来继续以农为本的家业是最合适的。开始我听信父亲的话，后来就觉得可笑了，让我挖一辈子土粪而只求一碗饱饭，我的一生的年华就算虚度了。"（陈忠实：《忠诚的朋友》，见《生命之雨——陈忠实自选散文集》，陕西人民教育出版社 1996 年版，第 410 页）

陈忠实不愿意过那种"只求温饱而无理想追求的猪一样的生活"，不愿意虚度年华做一个碌碌无为的人，但他的一生应该如何度过，西蒋村还不能告诉他。

02 / 不要耽搁了自己的行程

无论往后的生命历程中遇到怎样的挫折怎样的委屈怎样的龌龊，不要动摇也不必辩解，走你认定了的路吧！因为任何动摇包括辩解，都会耗费心力耗费时间耗费生命，不要耽搁了自己的行程。

——陈忠实《汽笛·布鞋·红腰带》

1949 年 5 月 20 日，中国人民解放军解放了西安。

1950 年春天，陈忠实 8 岁，开始在本村即西蒋村上小学。西蒋村小学当时是一个四年制的初级小学，春季入学。

许多年后，陈忠实还清楚地记得，1950 年春节过后的一天晚上，在他家那盏祖传的清油灯下，父亲把一支毛笔和一沓黄色仿纸交到他的手里，说："你明日早起去上学。"他拔掉竹筒笔帽儿，里边是一撮黑里透黄的动物毛做成的笔头。父亲又说："你跟你哥伙用一只砚台。"

毛笔，仿纸，砚台，这是传统的书写用具。应该还有一个墨锭的。今天已经很少有人用墨锭了，都是买瓶装的墨来用，所以也不一定用砚台。陈忠实当年上学，所用的还是传统的笔、墨、纸、砚。当然，家里境况贫寒，纸不是正经的宣纸，只能是仿纸。所谓仿纸，就是儿童练习写毛笔字用的纸，有的上面印有格子，也叫仿格或仿格纸。砚也只能与兄长伙着用一个。一个读书人一定要写得一手好字，而且是毛笔字。陈忠实后来回忆说，他记得他们家木楼上有一只破旧的大木箱，里面乱扔着一堆书。他看着那些发黄的纸和一行行栗子大的字问父亲："是你读过的书吗？"父亲说是他读过的。随后又加重语气解释说："那是你爷爷用毛笔抄写的。"这使幼小的陈忠实大为惊讶，他原以为这些书和字是石印的，想不到竟是爷爷用毛笔亲手写的，而且，这个毛笔字居然会写得和他课本上的字一样规矩。看着他一脸的惊异，父亲教导他说："你爷爷是先生，当先生先得写好字，字是人的门脸。"陈忠实出生之前，爷爷已经谢世，但会写一手好字的爷爷，却让他由心底产生了崇拜。父亲的毛笔字写得虽然比不上爷爷，但父亲会写字。每到大年三十的后晌，村人三三两两夹着一卷红纸走进院来，求父亲给他们写春联。父亲磨墨、裁

△ 2006年夏，陈忠实在西蒋村西头。小时曾在身后的坡地上割草，捉蚂蚱

纸，为乡亲写好一副一副新春对联，然后摊在明厅里的地上晾干。在一旁瞅着那些大字不识一个的村人兴致勃勃地围观父亲在那里挥舞笔墨，陈忠实隐隐感到一种难以言说的自豪。

人生忧患识字始。人生起步写字始。陈忠实后来的人生，都与写字分不开，他和写字结下了不解之缘。

1952年，陈忠实10岁。春季和夏季，他在改迁到东蒋村的初级小学读三年级。这一年，学校由春季入学改为秋季入学，并规定学习好的学生进入下一年级，差的留一级。陈忠实在班上是学习好的学生，到了秋季，就直接进了四年级。

1953年夏季，他从东蒋村的四年制初级小学毕业。本来应该到离自己村子最近的东李村上五至六年制的高级小学，但那一年东李村小学不招高年级考生，他只好与三个同学一起到灞河对岸的蓝田县华胥镇油坊街报考那里的高级小学。结果，他们四个人中连他在内考上了二人。

从灞河南岸的家里走到北岸的油坊街小学，有二三里路。路不算远，

∧ 旧时的灞河与灞桥

但要过一条灞河。由于灞河一年三季经常涨水，往来不便，他就在学校搭灶住宿，晚上睡在木楼的教室里。夜里尿憋，要下了木楼梯，到流经教室房檐下的小水渠撒尿，早上又到这个小水渠里洗脸。大伙儿在这个小水渠又是撒尿又是撩水洗脸，不以为怪，只顾嘻嘻哈哈乐着。这条水渠是从学校的后围墙下引进来的，曲折流过半边校园，然后从学校大门底下石砌的暗道流到街道里去了。小学所在的这条街叫油坊街，也叫油坊镇，后来称作华胥镇。这是一条繁华的街道，时常有集市。陈忠实上学以前，曾随父亲来这里逛集。名为油坊街，想是曾经有过榨油作坊，如今已经看不见榨油作坊的遗迹了。短短一条街道，有杂货铺、文具店、铁匠铺、理发店等，多是两三个店员的规模。逢到集日，川原岭坡的乡民挑着或推着粮食、木柴和时令水果，牵着或赶着牛、羊、猪、鸡来交易，市声嗡响，生动而热闹。陈广禄在河川的几块水地渠沿上种植杨树，经常来集市上靠卖树供养两个儿子上学。

考上这所高级小学，陈忠实除了认真刻苦学习功课，也好奇爱玩。他第一次摸了篮球，打了篮球。油坊街距华胥冢遗址所在地孟家崖村不过一华里，班上有孟家崖村的同学，但那个时候，陈忠实没有听人说过华胥氏的传说，却听说不远处的小小的娲氏庄，就是女娲"抟土造人"的地方。"抟土造人"的神话令陈忠实好奇。有一天，他和同学在晚饭后跑到娲氏庄，寻找女娲抟泥和炼石的遗痕，结果什么也没有发现。陈忠实有时也耍小性子，有位算术老师平时非常喜欢他，可他却因耍小性子伤了这位老师的心，令他非常懊悔。

1955年，陈忠实13岁，他从油坊街高级小学毕业了。6月份，他到灞桥的西安市第十四初中（现西安市第三十四中学）考区参加升初中的考试。40多岁的班主任杜老师带领着他和20多个同学，徒步到距家三十余里的历史名镇灞桥投考中学。他是这批同学中年龄最小、个头最矮的一个。这是他第一次出门远行。他穿的是平常穿的旧布鞋，三十里的砂石路把鞋底磨烂磨透了，脚后跟磨出红色的肉丝，淌着血，血浆渗湿了鞋底和鞋帮。他渐渐地落在了队伍的后面。大家倒退回来，鼓励他跟上队伍，然而他们的关爱和激励并不能减轻他脚底的痛楚，他不愿讲明鞋底磨烂的事，怕穿胶鞋的同学嘲笑自己的穷酸。他不愿在任何人面前哭穷。他又落在了队伍的后面。光脚磨在砂石路上，疼痛难忍，他先后用树叶、布巾和课本来塞鞋底，都无济于事。他几乎完全绝望了，脚跟的疼痛逐渐加剧，以至每一抬足都会心惊肉跳，走进考场的最后一丝勇气终于断灭了。就在灰心的时候，他听到了一声火车汽笛的嘶鸣，接着看到了一列呼啸奔驰过来的火车。打算停下来的脚步与飞驰的火车形成了鲜明的对比。天哪！这世界上有那么多人坐着火车跑哩，而根本不用双腿走路！一时间，一股神力突然而起，他愤怒了，心中只有一个信念：人不能永远穿着没后底的破布鞋走路！于是，他拔腿而起，在离学校还有

∧ 西蒋村人家

一二里的地方，终于追赶上了老师和同学。

　　汽笛、布鞋、红腰带在这里都有极强的文化象征和生命内涵。汽笛是他生命中第一次听到的声音，在这里代表的是远方的召唤。汽笛、火车都是他前所未闻、前所未见的生活经验之外的东西，是文明，是新世界。汽笛的鸣叫似乎也在启迪着一个乡村少年，文明和新世界就在前方，召唤他勇敢地前行。布鞋代表的是他当时的身份与境遇。红腰带显示的是生命的年轮，代表来自母亲给他的生命祈福和传统社会给人的精神启示。

　　这次赶考的经历，给了他一次深刻的人生磨炼。此后，每当他遇到人生重大挫折的时候，在他意念惶惑的时候，甚至在他企图放弃生命的

时候，那一声汽笛的鸣叫就会从他生命深处响起，他知道，那是远方的召唤。用他的话说就是咬着牙，就能挺过去。他明白并坚信一个道理，即无论"生命历程中遇到怎样的挫折怎样的委屈怎样的龌龊，不要动摇也不必辩解，走你认定了的路吧！因为任何动摇包括辩解，都会耗费心力耗费时间耗费生命，不要耽搁了自己的行程"。（陈忠实：《汽笛·布鞋·红腰带》，见《告别白鸽》，湖南文艺出版社1998年版，第17、18页）

当年上油坊街高级小学，他和同村的同学是四个考上两个；这一次升初中，同村两人中只有他一人考上了。考上的学校是西安市第三十六中，位于韩森寨。由于三十六中的初中当时还在修建之中，他初一第一学期是在西安大东门外鸡市拐索罗巷的一个教堂上的课。这里距家路途遥远，有五十多里，他只好在学校寄宿。每到星期天的下午，他背上母亲给他准备的一个星期的干馍，多是粗粮馍，从西蒋村走到鸡市拐索罗巷。上一个星期的课，到了星期六的下午，他又走回家去。他在学校每天的伙食，基本上是开水泡干馍。家中境况好的时候，父亲会一个星期给他两毛钱，让他买点咸菜或者辣子酱。星期天在家，吃上母亲擀的面，就是最好的伙食了。

1955年的西安大东门外，特别是鸡市拐索罗巷一带，还是一片荒凉，晚上经常有狼出没。到了冬天，天寒地冻，他仍然要在家与学校之间徒步往返。一个星期五的晚上，一场大雪骤然而至，足足下了一尺多厚。

∧ 2004年10月，陈忠实在隋唐灞桥遗址

第二天上课，他心里一直发慌，这样的天气，怎么回家去背馍呢？熬煎到最后一节课上完，他走出教室，猛然看见父亲披一头一身的雪，迎着他走了过来，肩头扛着一口袋馍馍，笑吟吟地对他说："我给你把干粮送来了，这个星期你不要回家了，你走不动，雪太厚了……"

西蒋村地处灞河南岸，土地丰饶，但那个时候，陈忠实的家境却是异常的贫寒。父亲陈广禄是个地地道道的农民，种庄稼是一把好手，吃苦耐劳，但是日子过得还是异常窘迫。虽是农民，他的眼光却看得长远，陈忠德和陈忠实两个儿子，他一个不落地供他们上学。没有别的门路，只有勒紧裤腰带，拼命向土地索取。同时供两个中学生，办法只有两个，一个是卖粮，一个是卖树。那年头粮食太少，因此主要还是卖树。卖粮是尽量让自家少吃，卖树是拼着命向外开掘。陈广禄从青年时代起，就喜欢栽树。他在自家那四五块河滩地头的灌渠沿上，栽着纯一色的小叶杨树。这种树生长快，变钱也就快。陈广禄把有限的土地充分利用，树种得很稠密，不足一步就是一棵。两个儿子上学的费用一分钱也少不得，所以，他卖树，不能等到哪棵树成材了才卖，一切依买家的需要而定，粗树当檩卖，细树做椽卖。当时一根一丈五尺长的椽子能卖1元5角，一丈长的椽子价位在8角到1元之间。树卖了，陈广禄紧接着还要把树根刨挖出来，指头粗细的毛根也不舍弃，树根劈成小块晒干，然后挑到集上去卖，100斤劈柴最高能卖1元5角钱。陈忠实和哥哥陈忠德的课本、作业本、班费、班上大家合购的理发工具费，以及陈忠德的菜票、陈忠实的开水费等，都得指靠这些卖树的钱。由于没有其他钱的来项，短短三四年时间，滩地上的小叶杨树就被全部砍伐一空，地下的树根也被掏挖干净。

1955年底，农村实行合作化，土地归集体。父亲无地可种树，当然也无树根可刨了。

"钱的来路断咧！树卖完了——"初中一年级只上了一个学期，寒假，大年初一晚上，父亲无奈地对陈忠实这样说，他期望儿子能够理解。"你得休一年学。"父亲对他说这个话，显然思谋已久。"一年。"父亲再次强调，显然说这个话还是感到很艰难。父亲的谋划是，让陈忠德先上完初中，如果能考上个师范学校或技校，学费就会由国家出，压力缓解之后再供陈忠实上学。陈忠实虽然也有委屈，但他理解父亲的难处，便答应了。

春季开学后，陈忠实到学校申请休学一年。班主任在他的休学申请上写了"同意休学一年"的意见，校长写了"同意"二字。他到教务处开休学证书时，一位年轻的女老师对这个好学生因贫穷休学充满了同情，但又很无奈，送他走出校门，眼含热泪嘱他明年一定记着来复学。

休学后，陈忠实在家里看妹妹，经常背着妹妹在村子里闲转。有一天，乡政府的书记在村子兴办农业合作社，他跟着看热闹。书记看到这个抱着孩子的孩子，很以为怪，就问他为什么不上学。他说休学了。问他为什么休学，他不说。书记就问村上的人，村上人说，这娃学得好，但是家里穷，他父亲供不起学，休学了。书记立即发了火：新社会怎能让贫农的孩子失学？书记说，一定得上学。书记后来跟学校联系，要让这个少年复学。学校通知他复学，每个月给他6元钱的助学金。那时对贫苦家庭孩子上学有助学规定，后来陈忠实换了几个学校，到第十八中学和第三十四中学读书，这些学校给他不仅依然有助学金，而且每月还升为8元钱。陈忠实后来说："我是依靠着每月八元的助学金在读书，成为我一生铭记国家恩情的事。"（陈忠实：《父亲的树》，见《吟诵关中——陈忠实最新作品集》，重庆出版社2008年版，第154页）这是后话。

这样，陈忠实实际上只休学了半年，也就是一个学期。到了秋天，他就又到学校上课了。但是因为他初中一年级第二学期的课程没有学，就只能从初中一年级的第一学期从头学起。这样，他虽然耽误了一个学期，实际上还是耽误了整整一年。因了这一年的耽误，他后来的命运也从此而改变了。

03 / 爱上了文学

> 白嘉轩对儿子孝武说:"凡是生在白鹿村炕脚地上的任何人,只要是人,迟早都要跪倒到祠堂里头的。"
>
> 白孝文的人生感悟:"谁走不出这原谁一辈子都没出息。"
>
> ——陈忠实《白鹿原》

人是具有精神意志的动物。古今中外，都有一个突出的现象，这就是，生活中有一些人，愈是贫穷，愈是追求精神生活。极度的物质贫困与极度的精神丰富，形成鲜明的反差。

陈忠实复学是从秋天开始的。这个时候，第三十六中的初中已经建好，他就回到韩森寨读书。依然是背馍上学，但从蒋村到韩森寨比到索罗巷要近一些。一日三餐，还是开水泡馍，不见油腥儿，最奢侈的是买一点杂拌咸菜。穿衣更是无法讲究，从夏天到冬天，穿的单棉衣裤和鞋袜，都是母亲手工做的；只有冬来防寒的一顶棉布单帽，是现代化纺织机械制品。他在乡村读小学的时候，一来年纪小，二来大家都是乡村学生，对于穿戴没有什么特别的感觉。如今到城里读书，整天面对那些穿着艳丽而别致的城市学生，反差太大，他不能视而不见，也无法不自卑。这种由心理自卑引起的心理压抑，比难以下咽的粗粮和薄不御寒的补丁衣服更让敏感的少年陈忠实难以忍受。

痛苦了一阵子，陈忠实终于明白，自己抵御贫寒和自卑的唯一手段，只能是学习。物质上不能与人比，但学习可以走在前头。学习再沉重他不怕，最怕的是学校组织的集体活动。因为这些活动有不少是需要花钱的，如看电影、看话剧等。他没有钱，衣衫褴褛，特别不愿在公众场合亮相。因此，每当集体活动，特别是要花钱的集体活动，他往往喜欢一个人留在宿舍，留在教室，自己读自己的书，或者到大操场上熬过那些让人心酸的时光。

陈忠实学习刻苦，课外很少有娱乐活动。有一回看了一场不要票的半截戏，结果还受了批评。这是他后来转学到第十八中学的事。第十八中学在纺织城边上，学生宿舍在工人住宅区内。陈忠实自小受父亲影响，喜欢看秦腔。有一天上完晚自习,他和同学在回宿舍的路上,听到锣鼓梆子响,隐隐还传来男女的对唱,禁不住好奇和诱惑,就循声找到一个露天剧场。这是西安一家专业剧团在为工人演出,演员中有一位须生名角,名声响亮,在关中地区几乎家喻户晓。这时戏已经演过大半,门卫已经不查票了,陈忠实就和三四个同学走了进去。虽然是半截戏,看得还是很有兴味,直到曲终人散。陈忠实以前看的都是乡村那些农民的草台演出,此晚所看乃专业演出,水平自非业余所可比拟,看后回到宿舍,回味不尽,兴奋不已,好久睡不着觉。第二天早上走进学校大门,教导主任和值勤教师站在当面,把他叫住,指令站在旁边。旁边已经站着两个人,都是昨晚看戏的同伴,陈忠实一看就明白了,有人给学校打小报告了。教导主任以严厉著称,黑煞着脸,声狠气冷地训斥了几个看戏的学生。这是陈忠实学生生涯中唯一的一次受处罚。

　　生活艰窘,但少年人的精神是饱满的。在这种处处使人感到困窘的生活里,陈忠实喜欢上了文学。现实是灰色的,有时是令人痛苦的,文学是现实生活的升华,往往是美好的。沉浸于文学的审美之中,有时可以淡化或忘记痛苦。文学作品是基于现实世界但却是在现实世界之上建构的另一个艺术世界,是一个精神的世界。因此,人生痛苦的生存体验在审美过程中有时也会升华,升华为丰盈的精神财富,从而使人在精神上超越无奈的现实。

　　1957年,陈忠实15岁。这一年的秋天,他开始读初中二年级第一学期。这一学期开始,中学语文课进行改革,分为文学和汉语两种课程。汉语讲一些干巴巴的语法之类,他很厌烦,文学课本收录了古今中外一些诗、词、散文和小说的名篇,富于形象、情感和美,他最为喜欢,也

< 1954年，赵树理

最喜欢学。陈忠实说："在文学课本里，那些反映当代农村生活的作品，唤醒了我心中有限的乡村生活的记忆，使我的浅薄的生活经验第一次在铅印的文字里得到验证，使我欣喜，使我惊诧，使我激动不已。是的，第一次在文学作品中验证自己的生活经验，在我无疑具有石破天开豁然开朗的震动和发现。"（陈忠实：《收获与耕耘》，见《生命之雨——陈忠实自选散文集》，陕西人民教育出版社1996年版，第413、414页）

于是，他开始喜欢文学了。

文学课本中有一篇赵树理的短篇小说《田寡妇看瓜》，陈忠实学习之后，先是惊讶：这些农村里日常见惯的人和事，尤其是乡村人的语言，居然还能写进文章，还能进入中学课本？继而想到：这些人和事，这些人说的这些话，我知道的也不少，那么，我也能编这样的故事，能写这种小说。

"我也能写小说"的念头在心里悄悄萌生，却不敢说出口。那时候他很自卑，穿着一身由母亲纺线织布再缝制的对门襟衣衫和大裆裤，处身于城市学生中间，平时就觉得矮人一头。而喜欢文学，在一般同学的眼里，往往被看作是极浪漫之人的极富浪漫色彩之事，怎么可能发生在像他这样的人身上呢？说出去岂不被人笑掉大牙。但是有了目标，心里也就有了主意。他第一次踏进学校图书馆的门，去找那个令他着迷的赵树理。

他借了赵树理的中篇小说单行本《李有才板话》和中篇小说《小二黑结婚》，回来阅读，感觉津津有味，兴趣十足。读到动人之处，他一边会心地笑着，一边把书拿到亮光下边，试图寻找那动人之处究竟是些什么。这是陈忠实有生以来读的第一本和第二本小说。赵树理这个人对陈忠实来说是陌生的，但小说中描写的农民和农村生活对他来说却是非常熟悉的。赵树理笔下那些有趣的乡村人和乡村事，他几乎都能在自己的村子找到对应的人和事。这样，陈忠实在崇拜赵树理的同时，也开始学习或者准确地说开始模仿赵树理。

从这个意义上说，赵树理是陈忠实的第一个文学老师，也是引路人。

这一学期，语文教师也换了，是一位刚从师范大学中文系毕业的，叫车占鳌，热情高，教学方法新，作文课不是命题作文，而是由学生自己拟题，想写什么就写什么。这样一来，正合了陈忠实的心意。他激情高涨，挥笔在作文本上写了一个短篇小说《桃园风波》，2 000多字。这篇小说是依着村里一个老太太的故事衍化而写，他还学赵树理，给小说中的几个主要人物都起了绰号，所有的人和事全是蒋村发生的真人真事，讲的是农业生产合作社由初级转入高级，把留给农民的最后一块私有田产——果园也归于集体，在归公的过程中，发生的几个冲突事件。陈忠实认为，这是他写作的第一篇小说，已非以往所写的一般作文。

作文本发下来以后，他看到车老师给这篇小说写了近两页的评语，全是好评赞语。这个时候学的是苏联的教育体制，计分为5分制，3分及格，5分满分，车老师不仅给他打了5分，还在"5"字的右上角添了一个加号，表示比满分还多。陈忠实一看喜出望外，欢欣鼓舞，他的同桌则把他的作文本抢过去，看了老师用红笔写的耀眼的评语，然后在同学中一个一个传着看。同学们都对他刮目相看。那一刻，陈忠实在这些城市同学中，忽然间涨起了一种自信，平时的自卑和畏怯也像冰雪见了阳光一样融而解之。

紧接着，陈忠实在作文本上又写下第二篇小说《堤》，写村子刚成立农业社时封沟修水库的事。

一个大雪初霁的早晨，陈忠实和同学正在操场上扫雪，车占鳌老师来到操场，拍着陈忠实的肩膀，叫他到语文教研室去一下。陈忠实有点忐忑不安。此前，还在他写《桃园风波》之先，他的作文写了两首诗，车老师写的评语对他有些误会，他不服，曾和车老师在办公室闹过别扭，现在车老师忽然叫他，他不知底细，心里有些戒备。没有想到，陈忠实刚走出扫雪的人群，车老师就把一只胳膊搭到他的肩膀上，这个超常的亲昵动作，一下子化释了他心中的芥蒂，同时他也有些受宠若惊，不知所措。一进教研室的门，车老师说："二两壶、钱串子来了。"里面坐着一男一女两位老师，他们看着陈忠实，哈哈笑了。陈忠实不知所以，脸上发烧。"二两壶"和"钱串子"是《堤》中两个人物的绰号。车老师把他领到办公桌前，颇为动情地说，西安市教育系统搞中学生作文比赛，要求每个学校推荐两篇作文，他的《堤》被选中了。车老师很诚恳地说，除了参评，他还要把这篇小说投给《延河》。他告诉陈忠实，如果发表了，还有稿费，他显然知道陈忠实曾因家庭经济困难而休学的事。车老师最后说："你的字儿不太硬气，学习也忙，稿子就由我来抄写投寄。"

1958年9月，陈忠实转学到第十八中学读初三。这里离家更近了一些，位于西安东郊刚刚兴起的纺织工业基地，通称纺织城。这一年是大

∧ 1990 年代的陈忠实

跃进之年，学校处于停课或半停课状态，学生被组织起来，一阵儿到东郊原坡上打麻雀，一阵儿端着洗脸盆到灞河的沙子中去淘铁沙，一阵儿又到纺织厂周围小巷子里的马路上和垃圾堆中去捡拾废铁。学校还建有小高炉炼铁，又从生产队借了一块试验田准备放"卫星"。上课时断时续，老师布置学生自己命题写作文。陈忠实偏爱文学，在这种松散的学习状态下，正好可以腾出时间阅读文学作品。大跃进狂热中，也兴起了全民诗歌运动。"诗歌创作形式名目繁多，诗窗、诗棚、诗府、诗亭、诗歌堂、诗碑等等遍地开花，田间路畔、工厂车间、部队岗哨到处布有诗坛。为了调动群众创作热情，各种各样的赛诗活动在全国各地广泛开展起来。1958年3月，陕西省西安市灞桥区白庙村首创赛诗会，其经验在其他地区迅速推广后，即成为群众性最广泛和最普遍的诗歌创作活动方式。与赛诗会相似的诗街会、战擂台、联唱会等也应运而生，蜂涌而起，广泛开展活动。"（岳凡：《大跃进诗歌概述》，载《唐都学刊》1997年第3期）看着乡村骤然间魔术般变出的满墙气吞山河的诗与画，少年陈忠实的心中也不免涨出亢奋和欢乐的情绪。一次作文课上，老师让大家写诗歌颂大跃进、人民公社、总路线这三面红旗，他一气写下了五首，每首四句。作文本发回来时，老师给他写了整整一页的评语，全是褒奖。他把这五首诗寄到《西安日报》。

几天后，有同学在阅报栏上发现了陈忠实的名字，问他，他很激动，激动到不好意思到阅报栏前去看。后来被两个同学拽着，硬拉到了学校前院的阅报栏。这是1958年11月4日的《西安日报》，上面发表了署名陈忠实的一首诗，题目是《钢、粮颂》：

粮食堆如山，钢铁入云端。
兵强马又壮，收复我台湾。

这是陈忠实见诸铅字的第一篇文字。

04 / 「神童」的启示

我对那个时期的记忆主要是惶惶不定，可以说是百分之七十的自卑和不足百分之三十的自信交织着的心绪。我迷恋文学而且基本确立了自修文学的志向，内心里却无法驱逐自卑，自卑产生的直接诱因便是"天才"这个无法测检也无法判断的神秘莫测的东西。我的写作发展的历程，老实无伪地标示着我生活体验、生命体验和艺术体验的历程。

——陈忠实《自题旧照》

∧ 刘绍棠《山楂村的歌声》初版本书影　　　　　　　　∧ 刘绍棠《青枝绿叶》初版本书影

　　赵树理是陈忠实的第一个文学老师，也是引路人。

　　陈忠实在文学之路上遇到第二个对他产生影响的人，是"神童"刘绍棠。

　　陈忠实对文学产生兴趣的时候，正在上初中二年级的第一学期，时值 1957 年下半年，全国"反右"正在进行。语文老师车占鳌是一位初出茅庐的中文系大学生，思想开明，常在语文课上跳出课本内容，讲某位作家某位诗人被打成"右派"的逸事，尤其是当年被称为"神童"的刘绍棠被定为"右派"，给陈忠实的印象最为深刻。1957 年 8 月 27 日，《中国青年报》刊出一篇由该报记者高歌今写的通讯，题目就是《从神童作家到右派分子》。陈忠实产生了强烈的好奇心，天才、神童，远远比那个他尚不能完全理解其内涵的"右派"帽子更多了几分神秘色彩，他十分急迫地想看看这个神童在与他差不多年龄时所写的小说。课后，他到学校图书馆查阅图书目录，居然借到了刘绍棠的短篇小说集《山楂村的歌声》和中篇小说《运河的桨声》，大约是学校图书馆尚未来得及禁绝"右派"作家的作品。他读了《山楂村的歌声》这部小说很喜欢，觉得语言很美，五十多年后还能记得小说开头的一些句子。2008年12月9日晚上，在西安建国路省作协陈忠实办公室，笔者拿着从孔夫子旧书网购来的旧版《山楂村的歌声》让他看。陈忠实翻到此书开头，说他对小说开头的句子印象很深，认为很美，接着就给笔者忘情地朗读起来，一边朗读还一边赞美。

20世纪50年代的刘绍棠，被誉为"天才"的"神童"作家，在当时的中国驰誉一时，影响很大，对当时的青少年文学爱好者极具神秘性和吸引力。刘绍棠1936年出生于河北省通县（现北京市通州区）大运河岸边儒林村的一个普通农家。1949年读初中二年级时就开始发表作品，此时他刚13岁。1952年元旦，《中国青年报》发表了刘绍棠写的小说《红花》，在全国青年中反响强烈。当时他上高中一年级，团中央便对他进行重点培养。在团中央工作的胡耀邦曾找刘绍棠谈过四个多小时话，希望他多写农村青年题材，并且让他到东北农村去采访。刘绍棠在东北住了两个多月，把在东北得到的创作素材挪到自己的村子里，换上他所熟悉的人物原型，开始构思他的小说《青枝绿叶》。《青枝绿叶》写成后，在1952年9月5日的《中国青年报》上以整版篇幅发表，后来迅即被编进了高中语文课本。1953年，刘绍棠又以《青枝绿叶》为名出版了他的第一个短篇小说集，并因此一举成名。那年，他只有16岁。1954年入北京大学中文系，翌年退学，退学是因为他觉得在中文系学习对他的写作没有用。1956年加入中国作家协会，被誉为"神童作家"。1957年被划成"右派"。刘绍棠走上乡土文学之路，受到孙犁和苏联作家肖洛霍夫的影响很大。刘绍棠一生最为佩服的作家，是肖洛霍夫，而对肖洛霍夫的《静静的顿河》，更是"佩服得五体投地"。肖洛霍夫是一个以写家乡顿河

肖洛霍夫《静静的顿河》
书影

地区人民生活为主的作家。刘绍棠很小就喜欢这部小说，受此影响，他常常想如肖洛霍夫那样，成为一个专意写作自己故乡人民生活的作家，过一辈子肖洛霍夫式的田园生活，住在家乡写乡土小说。"神童"刘绍棠长陈忠实6岁，他的这些"光彩"甚至是"异彩"无疑对一个同样是少年的陈忠实产生了极大的魅惑力，一方面加深了陈忠实对文学的喜爱，另一方面也促使陈忠实对文学的"天才"作用产生长久的思考。

在《山楂村的歌声》"后记"里，刘绍棠说到他对肖洛霍夫的崇拜和对《静静的顿河》的喜欢。"神童"居然如此崇拜如此喜欢，陈忠实也就很想见识一下肖洛霍夫和他的长篇小说。他到学校的图书馆，在书架上看到了《静静的顿河》，四大本摆成一排，显得极为雄壮。梦寐以求的小说就在眼前，他却有点望而生畏，读这么四大本需要多长时间？他抑制了自己的欲望，没有立刻借阅，而是等到放了暑假，才把这四大本著作背回乡村的家中。他要等待有了更为从容的时间，再细细阅读。

根据时间推算，陈忠实读《静静的顿河》应该是1958年的夏季，也就是他初中二年级上完之后的这个暑假。小小的陈忠实那时候还在忙于自己的生计，整个暑假，每逢白鹿原上集镇的集日，陈忠实先一天下午就从生产队的菜园里趸取西红柿、黄瓜、大葱、茄子、韭菜等，大约50斤，天微明时挑到距家约十里的原上去卖。一趟买卖可赚一二元钱，开学时就揣着自己赚来的学费报到了。而在集日的间隔期里，陈忠实每天早晨和后响都去割草。他背着竹条大笼，提着草镰，或下灞河河滩，或爬上村庄背后白鹿原北坡的一条沟道，到处寻找鲜嫩的青草。因为年幼，他还没有为农业合作社出工的资格，可是割草交给社里获得的工分有时比出工还要多。就在这卖菜和割草的间歇里，陈忠实拿出《静静的顿河》，兴趣盎然地阅读顿河哥萨克的故事。小说中那条远方的顿河常常幻化为他家门前那条冬日清冽夏日暴涨的灞河，辽阔的顿河草原上的山冈，那舒缓起伏的线条，也与他天天面对着的骊山南麓和白鹿原北坡之气韵叠印在一起。那个生动的哥萨克小伙子葛利高里，那个风情万种的阿克西尼亚，虽然生活在远方异域，读起来却有一种非常亲切的感觉。一个是陈忠实少年生活范围以外的另一个民族的生活形态，顿河哥萨克的故事，一个是卖菜割草的尚未成年的乡村孩子，书里书外，存在着遥远的距离和巨大的差异。然而，对于陈忠实非常重要的一点在于，少年陈忠实的视野抵达了一个虽然找不到准确方位但却在远方存在着的顿河草原，生活在那里的人们的快乐和悲伤牵动着他的情感。这种文学的熏陶是悄然的，也是深远的。静静的顿河、辽阔的草原、哥萨克、奔放的小伙子、热烈的女人、红军、白军，这些主题词无疑深深地扎根在少年陈忠实心里，成为他日后文学创作的酵母。

陈忠实由对"天才"和"神童"作家刘绍棠的好奇和喜欢，知道了遥远的苏联作家肖洛霍夫，借阅了他的代表作之一《静静的顿河》，这是陈忠实有生以来阅读的第一部翻译长篇小说。陈忠实与文学之结缘，是从乡土小说开始的。《静静的顿河》也是一部与乡土有关的小说。肖洛霍夫及其创作的顿河哥萨克乡村小说给陈忠实的文学思维和文学气质以极其深刻的影响。

∧ 走亲戚。前排右起：哥哥陈忠德、舅父贺庆安、姨母、陈忠实

很多年后，陈忠实说，他后来才意识到，他的文学阅读转向，他的偏向喜欢阅读欧美小说，就是从读肖洛霍夫开始的。他说，他的阅读心理就是这一次从"说时迟，那时快"的语言模式里跳了出来。

刘绍棠对陈忠实的启示，主要有三个方面：一是文学创作的"天才"问题，陈忠实此后很多年里都在打量自己有无文学天才并思考天才问题；二是通过刘绍棠，陈忠实结识并深深地喜欢上了异国的肖洛霍夫，开阔了陈忠实的文学视界，使陈忠实的文学眼界和文化视野由脚下的乡土伸展到了无际的远方；三是刘绍棠也好，肖洛霍夫也好，都喜欢并主张扎根自己的乡土，生活于此，创作于斯，关键是，就以小说的形式描写脚下这块熟悉的土地，为乡土立传。这最后一点，对陈忠实的影响是内在而深远的，它的意义会在以后的岁月里逐渐显现出来。

陈忠实后来就一直没有离开过自己生活过的土地。他在60岁回顾自己生命和创作历程的时候说，他对自己曾有两次重要的把握：一次是在1978年初，当中国文学复兴的浪潮涌动的时候，他选择离开人民公社当干部，调入文化馆搞写作；第二次是 1982 年，他调入作协陕西分会当了专业作家，回归老家，一住就是十年，直至 50 岁写成《白鹿原》。他不像有的作家，总是漂泊，生命的足迹和灵魂都在漂泊，创作的题材和主题也不断随之游移不定。

05 / 文学道路上的第二个导师

朱先生对黑娃说:"读书原为修身,正己才能正人正世;不修身不正己而去正人正世者,无一不是欺名盗世;你把念过的书能用上十之一二,就是很了不得的人了。读多了反而累人。"

——陈忠实《白鹿原》

陈忠实一直认为，他走上文学道路，有两位作家对他影响最大，他从心底认为这两个人是他的文学导师，一个是赵树理，一个是柳青。赵树理使他喜欢上了文学，柳青很长时间是他创作学习的榜样，是他认识生活和艺术地反映生活的榜样。

1959年春天，陈忠实从报纸上得知柳青写农村生活的长篇小说《创业史》将在《延河》4月号开始连载，心里竟有一种按捺不住的兴奋和期待。这其中，既有对一位著名作家的崇拜，更多的因素还是他很好奇，他极想看看这个柳青是如何描写农村生活的。家里境况好的时候，父亲一周会给他两毛买咸菜的副食钱，为了买《延河》，他把两毛钱早早省了下来，每天只吃干馍喝开水。到了4月，他赶到纺织城的邮局买了一本渴望已久的《延河》。《延河》4月号刊发的《创业史》是《题叙》，发表时也不叫《创业史》，而叫《稻地风波》。小说题头画的是稻田，稻田水渠上有一排白杨，白杨迎风舞摆。陈忠实一看到这幅画，就想到自家门前也是这样的景象。他家门前是灞河，一道一道的灌渠，灌渠上就是一排一排的白杨，少有柳树，也有稻田。陈忠实一口气读完《题叙》，心里感到很安慰，觉得把那两毛钱的咸菜钱省下来，买了这本杂志是大大地赚了，苦没有白吃。接下来，陈忠实每月按时买《延河》，读《稻地风波》。

7月，他于西安市第十八中学初中毕业。他有一张初中毕业照片，是与同学的合影留念。前排左边的第一人为陈忠实，少年的青涩尽写在脸上。他光着脚穿一双方口布鞋，手里拿着一本刊有"创业史"的《延河》杂志。这应该是1959年7月号的《延河》。照片下面依稀写着："惜别。1959于纺织城。"

∧ 1959年，初中毕业照。陈忠实（前排左一）手拿1959年刊有《创业史》的《延河》

∧ 1950年代的柳青　　　　　　　　　　　　　　　　∧ 读书的柳青

毕业后回到家里,既没有了两毛钱的菜钱,乡下也没有邮局,他看不到已经让他沉迷的《稻地风波》了,心中有些怅然若失。

1959年秋天,陈忠实到灞桥的西安市第三十四中学上高中。这座中学是1944年由灞桥周围六乡群众倡议、推动,在1935所建的私立灞桥小学校址上扩建而来,由地方集资创办,名私立树人中学,曾得孙蔚如将军大力资助,是灞桥境内第一所中学。1945年,长安县政府接管树人中学,改名为长安简易师范学校。中华人民共和国成立后,1953年秋,长安简易师范迁至申店乡局连村,原校址改名长安第三初中,1954年归市属后改名为西安市第十四初级中学,1956年改为完全中学,1958年定名为西安市第三十四中学。学校坐落在古人折柳送别的灞桥桥南,学校的东围墙就扎在灞河河堤根下。上了高中,陈忠实还念念不忘《创业史》。后来听说《创业史》要在《收获》1959年第6期全文刊出,他赶紧托在西安当工人的老舅帮他买了一本这一期的《收获》,送到学校,他才完整地读完了《创业史》第一部。

初读《创业史》,陈忠实还不能完全理解,但小说中的几个人物给他印象很深。梁三老汉、梁生宝、郭世富、姚士杰、改霞这样的人物,他在蒋村一个一个都能找到相对应的形象。蒋村和柳青生活的那个皇甫村,

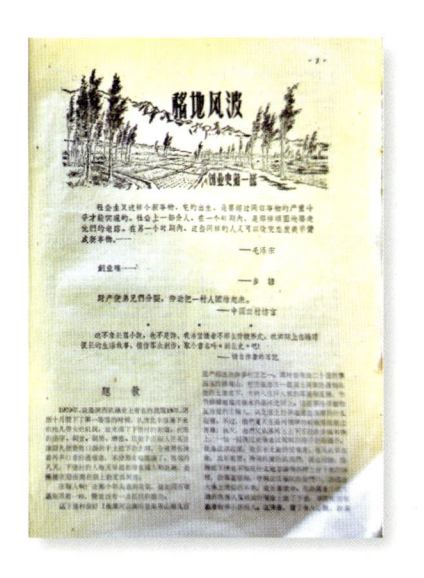

△《延河》1959年四月号刊载的《稻地风波》　　△《创业史》1960年初版精装本

相隔也就是六七十里路,陈忠实读着《创业史》,心里感动着,常常向南眺望。柳青成了他崇拜的第二位中国作家。柳青对农村生活的艺术描写,对农村生活的理解和认识,自然也深刻地影响了年轻的陈忠实。

陈忠实后来回忆说,他接触柳青以后,即1959年在《延河》读到《创业史》后,就深深迷上了柳青,而把赵树理搁下了。当时写农村生活的小说作家中,最有影响的就是赵树理和柳青。而况,柳青还是陕西人,他的《创业史》写的是陕西关中的农村生活,这与陈忠实所知道所体验的农村生活更为接近。因之,柳青对陈忠实的影响就更大一些。

从1959年9月入学,到1962年7月高中毕业,陈忠实的高中学习,全程经历了1960年至1962年"三年困难时期"。极度的饥饿折磨着正处于生理生长最活跃期的陈忠实,而他对付饥饿的唯一办法就是投入文学的迷醉之中以忘记饥饿,以精神上的饱满抵抗物质上的贫乏。在1961年最困难的这一年,陈忠实正在读高中二年级,无法化解的饥饿折磨着包括他在内的几乎所有人,市教育局采取了非常措施,取消晚自习,取消一切作业,实行"劳逸结合"来对付饥饿。空闲时间多了起来,陈忠实就把课余的时间和精力全部用于阅读和写作。他和同样爱好文学的同学常志文,每天晚饭后,抄近路步行十里,到纺织城书店读喜欢的新书,

2009年4月2日,陈忠实在西安出席首届"柳青文学奖"颁奖典礼。尚洪涛摄

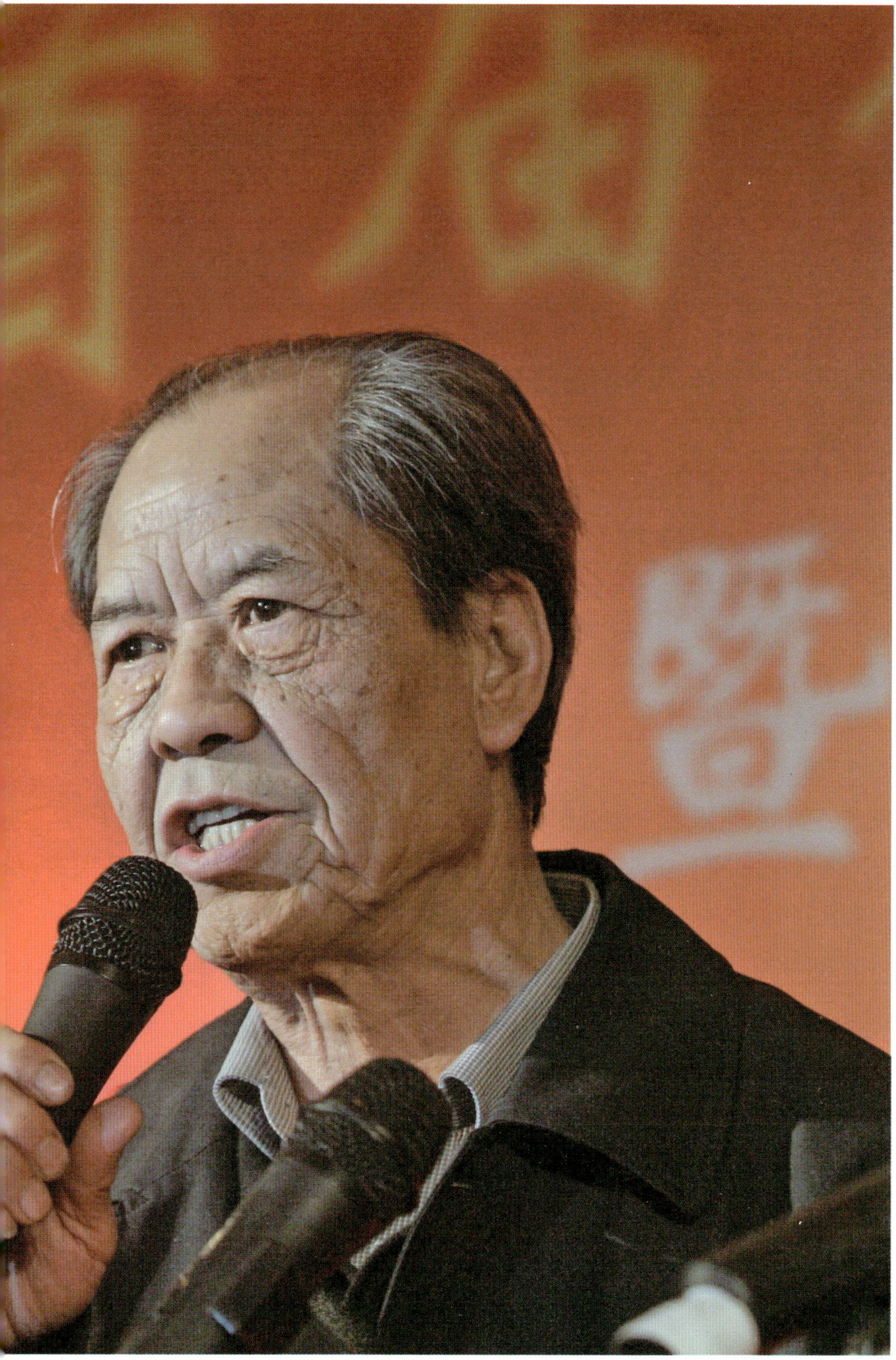

∧ 读《柳青纪念文集》　　　　∧ 2006年4月4日，陈忠实（右）与严家炎（左）在柳青墓前的神禾原畔合影

回来的路上再交流读书心得。上床睡觉之前，饥肠辘辘，就喝一大碗盐水哄自己入眠。他还和同学常志文、陈鑫玉，组织起来一个文学社。苦于喜欢文学而总是找不到创作的门路，文学社就被命名为"文学摸门小组"。从这个名字可以看出，他们当时对于创作的心境和情态，急切而又彷徨。成立文学社的同时，决定创办文学墙报，起名为"新芽"，大家都为之写稿。

这个时期，陈忠实读了很多文学作品。可以确知的是，他陆续读了茅盾的《子夜》、巴金的《家》《春》《秋》等小说以及李广田的散文等，极大地开阔了文学眼界。他借来肖洛霍夫的短篇小说集《顿河故事》，周六回家，沿着灞河河堤一路读过去。《顿河故事》收入20余篇短篇小说和一个中篇小说，绝大部分创作于1923年至1926年之间，这些小说描写顿河哥萨克在国内战争期间和苏维埃政权建立初年的生活和斗争，情节富于戏剧性，人物性格鲜明，语言生动活泼。陈忠实认为"篇篇都写得惊心动魄"，虽然是肖洛霍夫早期作品，"却堪为短篇小说典范"。

无疑，这样纯粹出于兴趣的阅读，对他的文学感受能力和文学思维方式，起到了一个最初的培养作用。

06 / 小学民请教师

朱先生说黑娃:"别人是先趸下学问再去闯世事,你是闯过了世事才来求学问;别人趸下学问为发财为升官,你才是真个求学问为修身为做人的。"

——陈忠实《白鹿原》

∧ 1962年5月，高中毕业照。第三排左四为陈忠实

　　1958年"大跃进"造成的恶果很快显现了出来。接下来的全国性的大饥荒和经济严重困难，迫使许多高等学校大大减少了招生名额。

　　1961年，西安市第三十四中学有百分之五十的学生考取了大学。只隔一年，到了1962年，这个学校四个毕业班考上大学的人加起来也只是个位数。学习成绩在班上可以称得是优秀的陈忠实名落孙山。而且，他们全班无一考上，被剃了个光头。

　　上不了大学，陈忠实只能回到老家乡村。村子里第一个高中毕业生回乡当农民，报纸上宣传说是光荣的，但在乡人眼里，陈忠实无异成为一个"读书无用"的活标本。

高考结束后，陈忠实经历了青春岁月中最痛苦的两个月。青年陈忠实进入了六神无主的失重状态，所有的理想前途和未来在瞬间崩塌。回家之后，无数个深夜，他噩梦连连，时常从用烂木头搭成的临时床上惊叫着跌到床下。

看着痛苦不堪的陈忠实，父亲陈广禄很是担心，"考不上大学，再弄个精神病怎么办？"

有一天，沉默寡言的父亲终于很认真地对他说："当个农民又如何啊，天底下多少农民不都活着嘛。"父亲的这一句话，一下子惊醒了他这个迷糊了多日的梦中人。是啊，人首先得活下来。农民虽然处于社会的最下层，农民的日子虽苦，但天下那么多的农民，他们都活着。活下来是当务之急，也是人生的头等大事。

在无情的现实面前，陈忠实选择了到村里的小学当民请老师。笔者查阅当时的档案，发现当时的非公办教师不叫民办教师，而叫民请教师。经毛西公社批准，从1962年9月开始，陈忠实在西安郊区毛西公社蒋村初级小学任民请教师。一般民请教师，每月由生产大队给记二十几个劳动日。陈忠实所在的蒋村小学由三个村子合办，不能记工分，便由三个村子分担每月28元工资，年终结算。

所谓"毛西"，乃毛河湾西村之简称。因当时的公社驻毛西村，故泛称这一带为"毛西"。学校由三个小村合办，设在东、西蒋村之间的平台上。这是一个初级小学，共有学生70余人。所谓初级小学，就是只有一到四年级；而高级小学，是五到六年级。蒋村初小当时只有两个教师，一个是公办，一个是民请。陈忠实就是这个民请。教师办公室是一幢拆

1963年时的陈景润

除了不知哪路神灵泥像的小庙，两个教师合用。教室旁边是生产队的打麦场。社员出工上地下工回家经过教室门口，嬉笑声、议论声和骂架声常常传进教室。

那个公办教师姓陈名祖荫，年近六旬，是陈忠实外婆妹妹的儿子，算是亲戚。陈忠实把陈祖荫叫舅。陈祖荫有一个四叔，曾在杨虎城的军队里任旅长，曾捐资修建了狄寨原上的迷村小学，而陈祖荫则在这个旅长下边当了一个小官，主要是写字。陈忠实小时候逢年过节，去过这个舅家，感觉很是阔气。陈祖荫的毛笔字写得极好，是"老功夫"。陈忠实说，他后来在西安还没有见过哪个人包括书法家有比陈祖荫的字写得更好的。在乡村，凡是婚丧嫁娶，陈祖荫就给人写对联。遇到有的人家没有毛笔，陈祖荫就扯一个棉花蛋蛋，蘸着墨水写，依然非常漂亮。陈祖荫国文教得是极好的，但他有一个缺点，就是不会教算术。所以村里的小学生，年年升学考试都考不上。

陈忠实来了以后，带毕业班，给学生强化补习算术。

1964年，陈忠实当了东李六年制高级小学下属初级小学东片区教研组组长。陈忠实所带毕业班因为连续两年升学率百分之百，一下子轰动了全公社。7月，被评为"优秀教师"。公社教育部门因此奖给他30元钱。这笔在当时并不算少的奖金，在他当年9月调到毛西公社新成立的农业中学任教之后发下。领到钱后，他把钱装在上衣的口袋里，接着与同事在操场打篮球，把衣服挂在篮球场边一棵树枝上。打完篮球，衣服还在，但钱却找不见了。

1964年12月，毛西公社布置下属各单位为春节准备文艺演出节目。当时，全国正在大力宣传"千万不要忘记阶级斗争"。陈忠实采访了毛西公社陈家坡贫农陈广运，谈了整整一天，回去写了一篇老贫农忆苦思甜的快板书，作为春节参演节目。快板写好后，看到《西安晚报》的一篇春节演唱征文启事，征文要求大家投寄小演唱、对口词、快板书、小戏等。他就把这一篇快板书寄了过去。1965年1月28日，《西安晚报》发表了他的这个快板，题为《一笔冤枉债——灞桥区毛西公社陈家坡贫农陈广运家史片断》。

陈忠实调到毛西公社新成立的农业中学任教，仍为民请教师。他是1961年1月在西安市第三十四中加入的共青团，调到农业中学后，被推举担任了学校的团支部书记。

1965年，由于他工作表现突出，在社会主义教育运动中，被推举出席了社教总团学习毛主席著作积极分子大会。这在当时是一种较高的荣誉。

07 / 看不见未来的文学自修

白孝文的人生感悟:"好好活着!活着就要记住,人生最痛苦最绝望的那一刻是最难熬的一刻,但不是生命结束的最后一刻;熬过去挣过去就会开始一个重要的转折,开始一个新的辉煌历程;心软一下熬不过去就死了,死了一切就都完了。"

"好好活着!活着就有希望!"

——陈忠实《白鹿原》

当了民请教师，工作算是安稳了，生活也有了着落。但是未来怎么办？就这样一辈子教下去，还是要有另外的打算？这个问题，其实在他刚一当上民请教师时，就浮上了心头。

20岁，人生已经进入成年。陈忠实切实感到，这是一个令人心悸魄颤的年纪。告别学生时代，迈入广阔的社会，眼前突然展现出一个茫无边际的世界。面对这个世界，人有时却是相当的迷惑，人生之路究竟应该向哪里走？怎么走？这是个问题，是大问题。

其实，摆在陈忠实面前的人生选择，在当时，却是相当的有限。甚至，是别无选择。本来是想上大学的，结果名落孙山，那就只有回乡当农民。就在这个时候，本村的小学刚好缺了一个教师，那就去当教师，这样也不辜负十二三年的苦学。这个教师的名额是民请，所谓民请教师，是指中国中小学中不列入国家教员编制的教学人员，生活待遇上，一是享受所在地同等劳动力的工分报酬，一是由国家按月发给少量的现金补贴。在当时城乡二元对立的中国社会里，究其实，民请教师就是不是农民的农民。然而，这个民请教师似乎还是比当一个农民好了一些。陈忠实别无选择，就当了一个初级小学的民请教师。

这个时候，在关于未来的思考中，陈忠实心底那个文学之梦又悄悄地浮上了心头。

大学梦破灭了，文学梦还在。

有梦就有希望。希望就在文学梦里。

陈忠实决定自学。自学文学。上不了大学，那就自学大学课程。

大学梦破灭之后，陈忠实回到了乡村，回到了祖辈千百年来生活的故土，自学文学，并决定以文学作为终生追求，至少有两个原因：第一，

∧ 1965年4月3日，灞桥区出席市群众业余创作会议全体人员合影。第一排右一为陈忠实

文学也许可以改变自己的命运。中国当时社会所形成的城乡二元结构，使得那时的农村青年，要跳出农门，其难度真比登天还难。陈忠实明白，自己在农村，人生所有的路都堵死了，只剩下自我奋斗一条路了，只能靠自己了。这无疑是一条悲壮之路。因为不知道何年何月才是出头之日。第二，文学毕竟具有精神慰藉功能，文学在当时也不失为苦闷情境下的一种精神安慰。当然，根本的原因是陈忠实自初二对文学发生的兴趣，此时于绝望中更加突显出来，这也是别无选择的选择。

环境是艰苦的：在一个破屋子里，窗户纸被西北风吹得一个窟窿接一个窟窿。条件是简陋的：一张古老而破旧的小条桌，用草绳捆着四条腿。桌上放着一个煤油灯，是用废弃了的方形墨水瓶制成。但是，陈忠实的决心是不可动摇的。度过了痛苦彷徨期的陈忠实，开始了虽然有所计划但实在是遥遥无期的文学征程。一切都重新开始。他给自己订下了一条规程，自学四年，练习基本功，争取四年后发表第一篇作品。作品发表之日，就算他的"我的大学"毕业之时。

后来，陈忠实曾多次不无诙谐地说：成名无非是再换一根结实的绳子来捆桌子腿！

这是一个青年奋斗者的形象，也是一个文学殉道者的肇端。

他将白天的时间全部给了孩子们，而晚上的时间则属于他和他顶礼膜拜的文学。

他主要从两方面进行努力：一是读书，一是练习写作。那个时代乡村青年的读书，当然无可选择，没有图书馆，没有资料室，无人指定必读书目，也没人指点迷津，完全是遇到什么读什么，找到什么就读什么。这样，所接触的书，一是数量少，二是品种较为单一，多为60年代流行的文学书以及民间的一些藏书。这种阅读状况，在中国乡村社会，极为普遍。同时，这些时代流行书以及民间藏书的文化品格，对陈忠实的文化人格无疑起到了潜移默化的影响甚至是塑造作用。陈忠实在阅读中，感觉合乎自己口味的，就背下来。对特别感兴趣的篇章则进行分析，学习其结构和艺术表现手法。读了也写，不断地写。这种写作，基本是文学练习，较少写完整的作品，大量的是记生活笔记，长短不拘，或描一景，或状一物，或写一人，或述一事，日日不断。

这个时候，陈忠实内心的信条，只有一个，那就是"不问收获，但问耕耘"。每换一个新的生活记事本，他都要在开篇写上这句话，视之为座右铭。这个信条所含的埋头苦干实干的哲理令他信服，他也觉得适合他的心性。此言第一让人排除侥幸心理，第二抑制自卑心理，陈忠实觉得，这两种心理是他当时最大的敌人。

陈家本来就不富裕，"三年困难时期"及至以后，饱肚乃最大问题。

陈忠实的"但问耕耘",没有电灯照明,也没有钟表计时,晚上控制不住时间,第二天就累得难以起床。陈忠实想了一个办法,既能照明又能计时,他用一只小墨水瓶做成煤油灯照明,常常烧焦了头发熏黑了鼻孔,瓶中煤油熬干,即上炕睡觉。算来此时大约为夜里12点钟。长此以往竟成了一生的习惯。

春秋时节,气候宜人,好过一些,到了冬夏两季,就有点难以忍耐。冬无取暖设备,笔尖先是冻成了冰碴。夏无制冷手段,酷热常让人头晕眼花。更为难耐的是,蚊虫肆虐,叮咬得人无处躲藏,用臭蒿熏死一批,烟散之后,从椽眼儿和窗孔又钻进来一批。夜里,乡间的农民一家人在场头迎风处铺一张苇席纳凉,他却躲在小厦屋里,穿一条短裤,汗流浃背地读着写着。母亲有时担心他沤死在屋子里,硬拉他到场边去乘凉,他却丢不下正在素描着的某一个肖像,得空儿又溜回小厦屋去继续"耕耘"。

陈忠实的自学和奋斗当时都是处于秘密状态。胸中虽然有宏图,但这时的陈忠实其实是自卑多于自信,一方面是内心创作热潮在涌动,一方面又全力避免更多的嘲讽。在这个看不见未来的文学自修中,他不怕受苦受难,但是担心被人讽刺和嘲笑。于是学习与写作便呈现一种"地下"状态,对任何人——包括他的父亲陈广禄,他都绝口不谈,偶被问及,总是极力回避,顾左右而言他。他的父亲对他的行为难免奇怪,常常忍不住,问他整夜整夜钻在屋子里"成啥精"?他说"谝闲传"!见如此作答,父亲虽然心存疑问,却也不再追问。

自学有其局限性。自学,由于都是自己在摸索,而且是在黑暗中摸索,或者是借着一点亮光摸索,即使是非常用功的人,也仍然是自我封

闭的摸索，既缺乏大师指点、高人指路，也缺乏群体学习环境中那种自由讨论乃至自由辩难所带给人的多向度的思维开启和精神启迪，所以，一个人的成才，常面临两个问题：一是知识结构的不平衡，不全面；二是文化视野受到局限。这个局限又分为两种情况：一是视野不够开阔；二是虽然开阔了但又很驳杂，缺乏比较明晰的文化立场和精神向度。这种局限性，在陈忠实后来的创作实践中特别是早期写作和中期创作中都有或强或弱的表现。

陈忠实在20世纪60年代初开始的文学自学，是在一种相对单一的

< 2011年冬,陈忠实在祖居老屋扫雪

文化和精神环境中自学的。那时的文学观念只有一种,这就是"文艺为政治服务"和"文艺为工农兵服务"。没有人对此怀疑,至少没有人能公开对此提出怀疑,于是,这种观念就成了"真理"。陈忠实的自学,知识和技巧的学习,可以很扎实,但文化视野无疑会受到局限。在20世纪50年代以至60年代的文化和文学背景下,陈忠实的文化视野不可能是驳杂的,而只能是单一。

自学也有其优长。自学由于是自己在黑暗中的艰苦摸索,较少受外界的干扰和魅惑,容易形成自己根深蒂固的思维定式和坚定的信念。

在写什么人的问题上,陈忠实学习和接受的,当然是"写人民大众,不写个人"这样的文学观念。这一点,也形成了陈忠实迄今一以贯之的文学立场和文学观念。客观地看这个问题,这一点,既束缚过陈忠实的创作,也成就了他的创作。陈忠实的笔下,特别是他的小说,从1974年的《高家兄弟》到1979年的《徐家园三老汉》再到1988年至1992年的《白鹿原》以至2001年的《日子》,所写的对象,都是人民大众,是农民,是中国社会底层的普通人。

而且,陈忠实的小说和散文中,一直信奉和坚持现实主义的真实性原则,不信鬼神,不言佛道,几乎就是坚守"子不语怪、力、乱、神"的信条。他无论是写小说还是写散文,基本上是以真实世界和生活经验为基础,进行艺术描写或必要的虚构,从来不写自己没有见过的或者是

∧ 2008年陈忠实在农村。尚洪涛摄

不相信的事情。还有一个重要特点，那就是写人，写事，他基本上都是直接面对，正面描写，较少侧面取巧或以虚写实。他的文学特点以至后来的文学风格正好应了他的名字：忠实。忠实于生活，忠实于历史，忠实于自己的生活体验和生命体验。

08 / 『处女作』的诞生

> 没有拯救作家的上帝,也没有点化灵感的仙人,作家只能依赖自己对生活对生命对艺术的独特而又独立的体验去创作,吵吵嚷嚷自我标榜结伙哄炒都无济于事,非文学因素不可能给文学帮任何忙,文学的事情只能依靠文学本身去完成。
>
> ——陈忠实《五十开始》

陈忠实的处女作是哪一篇？据陈忠实的自述，是刊于1965年3月8日《西安晚报》的散文《夜过流沙沟》。

但是，我们发现，在发表《夜过流沙沟》之前，他还公开发表过作品。最早的是发表于1958年11月4日《西安日报》的短诗《钢、粮颂》，发表这首诗时，陈忠实还是一个正读初三的16岁的学生。此外，陈忠实在1965年1月28日的《西安晚报》还发表过快板《一笔冤枉债——灞桥区毛西公社陈家坡贫农陈广运家史片断》，在1965年3月6日的《西安晚报》发表过诗歌《巧手把春造》。也就是说，在《夜过流沙沟》之前，陈忠实就已经在报纸上公开发表过两首诗和一首快板。那么，陈忠实为什么把这两首诗和一首快板忽略不计，只说《夜过流沙沟》才是他的处女作呢？就这个问题，笔者问过陈忠实。他说，他觉得《夜过流沙沟》是一篇较长一些的散文，算是"像样"和"正经"一点的文学作品，而此前发表的两首短诗和快板，分量轻，不值一提，快板也算不得文学作品，属于曲艺一类。不过，在研究者眼中，当以"史实"为准。倘以公开发表而论，陈忠实的处女作，应该就是短诗《钢、粮颂》。

而陈忠实自己认定的处女作《夜过流沙沟》，从写作到发表，用陈忠实自己的说法是："历经四年，两次修改，一次重写，五次投寄，始得发表。"（陈忠实：《何谓良师》，见《陈忠实自选集》，海南出版社2008年版，第557页）这个他所认定的"处女作"诞生的过程，其实也是陈忠实在文学之路上不断"摸门"也不断提高的过程。

《夜过流沙沟》原题为《夜归》，最早写于1961年，陈忠实19岁，正上高中二年级。那时他和同学组织了一个名为"摸门小组"的文学社，同时创办了一个名为《新芽》文学墙报。陈忠实为《新芽》创刊号写了

> 《西安晚报》所刊的《夜过流沙沟》

一篇散文《夜归》。文学社的陈鑫玉读了《夜归》，甚为激赏，鼓动陈忠实将之投寄给报刊，以期公开发表。陈忠实听了，颇受鼓舞，心中也一阵冲动，但思虑再三，最终还是缺乏勇气，未敢投出。不想陈鑫玉却把这篇散文另抄下来，代陈忠实投寄给了《陕西日报》文艺部。过了不到一月，有一天，陈鑫玉从家里来到学校，兴奋地告诉陈忠实报社来信了。陈忠实打开信一看，是一封编辑的阅稿信，信中肯定了《夜归》的一些长处，也指出了一些问题，让作者修改后尽快寄去。读罢信，陈忠实才真正地激动起来，觉得他似乎就要"摸"到那个向往已久的神圣而又神秘的文学之"门"了。陈忠实对《夜归》很快作了修改，寄了出去。然后便开始了急切而又痛苦的等待。这是一个满含希望而又有些不敢奢望的等待。在等待的日子里，陈忠实每天最惦记的事就是到学校的阅报栏去看《陕西日报》，只找第三版，这一版是发表文艺作品的版面。这是陈

∧《夜过流沙沟》插图

忠实进行文学创作实践过程中第一次因投稿而焦灼地等待,在没有等到结果之前,希望与失望交替交织,令人非常煎熬。这也差不多是所有文学爱好者第一次投稿必有的心情。陈忠实最终没有等到结果,他期望的奇迹没有出现。

接下来,紧张的高考复习来临了,这是人生关键的一步,陈忠实将心中那种沮丧的情绪渐渐排解开去,投入复习,迎接高考。

1963年春天,他把《夜归》再次作了修改,再次投寄给《陕西日报》。报社不久即回信,肯定长处同时指出不足,让修改后再寄去。陈忠实根据所提意见进行了修改,将稿子再寄去。稿子寄出去了,心也似乎随之而去了。陈忠实又一次陷入期待的焦灼之中。

久等无果,陈忠实沉不住气了,他借一次学校进城参加活动的机会,找到了地址位于西安市东大街的陕西日报社。到了报社门口,陈忠实却没有勇气走进去。进去找谁?说什么?他为这两个简单的问题颇费思量,徘徊门外,踌躇不前,内心的自卑和羞怯像浓雾一样罩着,挥斥不开。终于还是硬着头皮进去了,找到文艺部,看见几张办公桌前坐着几位编辑,他没敢多张望,只怯怯地朝坐在门口的那位编辑问询。编辑说那篇《夜归》不在他手里。再问其他几位编辑,也不在他们手里。在座的编辑们推测,如此看来,应该在另外一位下乡锻炼的编辑手中,但是这位编辑大约需要半年才能结束锻炼。看着陈忠实满脸失望而又想穷追究竟的样子,门口那位编辑给他说,按编辑部的规矩,凡是可以发表的稿子,编辑有事出门肯定会交代给编辑部安排处理,如果没有交代,肯定是发表不了的。这样说来,《夜归》当属不可发表的稿子了。陈忠实走出陕西日报社的时候,感觉那个庭院的甬道既深且长,出得门来,他回头再望一眼那拱形的门楼和匆匆忙忙进出的人,心中忽然感到,自己一直向往和追求的那个文学之"门",还遥遥不知其所在,还需要长途跋涉,绝非轻易就能"摸"到的。这样一想,一时的侥幸心理忽然烟消云散,心中反而轻松了。而轻松的同时,自卑的心理又加重了。站在这样一个高门楼下,他有些自惭形秽。

1965年初,《西安晚报》发表了他的一篇快板和一首诗,陈忠实是高兴的,但他的心里,还是觉得这两样作品的分量有些轻,不是他心目中标准的"处女作"。

这一年的春天,他在写作诗歌《巧手把春造》的同时,又想起了《夜归》。他打破《夜归》原先的框架,重新构思,重新写作,名字改为《夜过流沙沟》。这次修改他是满意的。准备投稿时,他想了想,没有勇气投给"省报",就改投"市报"。很快,3月8日的《西安晚报》名为《红雨》的文艺副刊上,刊发了他的这篇散文处女作。

陈忠实觉得这篇散文,应该是一篇较为"正经"和"像样"的文学作品,他视之为自己的真正的"处女作"。同时,他在心里告诉自己说,我的自学大学应该毕业了。

《夜过流沙沟》的发表所带给陈忠实的意义,陈忠实有一段话说得很透彻:"第一次作品的发表,首先使我从自信和自卑的痛苦折磨中站立起来,自信第一次击败了自卑。我仍然相信我不会成为大手笔,但作为追求,我第一次可以向社会发表我的哪怕是十分微不足道的声音了。……1965年我连续发表了五六篇散文(笔者按:1965年陈忠实在《西安晚报》实际发表散文三篇,另在《夜过流沙沟》之前发表诗歌一首,快板书一篇),虽然明白离一个作家的距离仍然十分遥远,可是信心却无疑地更加坚定了。不幸的是,第二年春天,我们国家发生了一场动乱,就把我的梦彻底摧毁了。"(陈忠实:《我的文学生涯》,载《小说评论》2003年第5期)

09 / "半个艺术品"修复了文学神经

> 我的创作进步的实现，都是从关键阶段的几近残酷的自我否定自我反省中获得了力量。我后来把这个过程称作心灵和艺术体验剥离。没有秘密，也没有神话，创造的理想和创造的力量，都是经过自我反省获取的、完成的。
>
> ——陈忠实《六十岁说》

∧ 1980年春，与毛西公社干部在村头。中间是陈忠实

"文革"开始以后的几年里，在举世一片的批判风潮中，陈忠实的文学梦被彻底摧毁了。后来的几年，他与文学世界也隔绝了。他忍受着心灵上的折磨，不知道生活应该走向何处。

"文化大革命"期间，要破旧立新，全国各地曾经兴起一股地名更改风潮，将原来的老名字更改为具有"革命"或"红色"意味的新名。1966年10月，中共西安郊区委员会决定将洪庆、新合、狄寨、十里铺、毛西、水流、席王等七个人民公社，分别更名为红星、永红、红原、向阳、立新、火炬、曙光人民公社。陈忠实所在的原毛西公社，这次就更名为立新公社。到了1972年5月，改名的七个公社又恢复原名。报纸的名字也不断更改。《西安日报》创刊于1953年7月。1962年2月，根据中共中央宣传部关于大城市提倡办晚报的精神，《西安日报》易名为《西安晚报》。1966年5月，《西安晚报》在"文革"风浪中停刊。1969年6月又以《西安日报》之名重新出刊。1981年1月，《西安日报》再次改为《西安晚报》。1994年1月，又增出《西安日报》，《西安晚报》《西安日报》

"半个艺术品"修复了文学神经

∧ 1980年，在家乡菜园和老农交谈。左一为陈忠实

并存。弄清了这些名堂，我们才能明白，何以跟陈忠实有关的生活基地，忽而叫毛西，忽而又叫立新，他发表作品的报纸，忽而叫"晚报"，忽而又叫"日报"。

1968年，立新公社农业中学撤销，陈忠实到立新公社东李八年制学校（戴帽中学，原东风小学）任初中教师。12月，立新公社借调陈忠实到公社协助搞专案、整党等项工作。他主要是负责文字工作。这里的专案工作，主要任务是给农村"清理阶级队伍"揪出来的人落实政策。参加党建工作，组织后来对他的评价是：陈忠实在工作比较难的龙湾队工作，对犯错误的党员干部和一些对干部有错误认识的群众，坚持政策，做细致的思想工作，任务完成得比较好。

这一借调，就持续了几年。一直到1971年6月，因为他的工资问题在公社不好解决，立新公社把他安排任公社卫生院革命领导小组组长。实际上就是院长，但当时不叫院长，叫革命领导小组组长。陈忠实在这里还学会了打肌肉针。负责公社卫生院，新官上任三把火，他组织十多

∧ 1980 年代初，陈忠实（右）与张月赓（左）在灞河滩

名医务人员，先后进山三个月，采药一百多种，近万斤。组织的评价是：为"三土四自"方针开了新路，进一步巩固了合作医疗制度，职工和群众的反映都比较好。

也就是这一年的夏天，立新公社来了《西安日报》的一位记者，采访合作医疗的发展情况。陈忠实受命陪同采访。记者知道了为自己引路的人名字叫陈忠实，很惊奇，说，他们报社一位姓张的编辑，听说他要到西安郊区采访，特意让他留心并打听一下一个叫陈忠实的人的情况，想不到事有凑巧，居然一来就遇上了。经过这位记者的沟通联络，陈忠实和《西安日报》文艺部的编辑张月赓认识了。

张月赓原在西安市和平门外的煤矿设计研究院工作，是一名地质勘探工作者，也是一位文学爱好者，业余创作与发表作品的时间，与陈忠实基本同时。"文革"前他在《西安晚报》也发表过一些作品，对同在《西安晚报》发表作品的陈忠实有所关注。1969 年 5 月，《西安日报》筹备复刊时，张月赓调干至报社，安排在文艺部编辑文艺副刊。副刊需要和作家联系，他便打听陈忠实，想约稿。陈忠实与张月赓见了面，说：

"我已经六年不写文学作品了,对文学已经陌生了。现在,倒是熟悉了给上边写某项工作的总结材料,熟悉了给公社领导代写各种报告。"张月赓说:"你陈忠实总是有文学基础的嘛,重新试笔还是可以有所作为的。"盛情难却,同时,陈忠实心底那一缕对文学的情丝也还未断,便想重新写作。但搁得久了,思想也被几年来形成的公文思维占满,一时难以形成艺术的思维。就这么一拖再拖,过了半年,陈忠实也没有拿出任何作品。张月赓那边却不断催问,不断鼓励。

在这期间,陈忠实和卫生院的赤脚医生到灞水之源的秦岭山中采药,听到一位军医在山区为群众治病的许多感人事迹,感动之余,忽生灵感,艺术思维也张开了,于是写了一篇散文,叫《闪亮的红星》。他当面把这篇新作交给张月赓时,心中仍然没有底。他对张月赓说:"六年了,手生了,思维也僵硬了,写东西时有时枯涩得连一句生动的词儿也蹦不出来,你看不行就算了。"没想到张月赓看过以后,很是满意。很快,这篇散文就在1971年11月3日的《西安日报》副刊上发表了。

发表以后,在当时还引起了一些不小的反响。《西安日报》的文艺副刊自1969年复刊以来,是张月赓一人主持。张月赓说,当时文艺副刊上发表的诗歌散文等,基本都是标语口号式的,《闪亮的红星》刊出后,报社接到了很多读者的赞扬信,大家觉得很新鲜,认为有文学性。当时西北大学的蒙万夫等老师,称《闪亮的红星》虽然也有缺点,但可以算作"半个艺术品"。1971年11月29日,《西安日报》正式开辟了"延风"文艺副刊栏目。"文革"前的《西安晚报》文艺副刊名为《红雨》,"文革"中的《西安日报》文艺副刊更名为《延风》。那时报纸的文艺副刊很少,以《西安日报》为例,该报当时是四开四版的小报,1971年11月的文

艺副刊只有两期，一期一版，第一期就是发表陈忠实散文《闪亮的红星》的这一期，第二期是《延风》栏目登台亮相的那一期。而到了下一个月，即12月，整整一个月，一期副刊版也没有，一篇文艺作品也没有。所以，对于《闪亮的红星》引起的较大反响，陈忠实自己倒很清醒。他明白，在"文革"开始后的六年里，文学和艺术类杂志全都停刊，报纸上的文艺副刊也取消了，书店里除了浩然的小说再见不到任何文艺书籍了，与文艺几乎绝缘了六年的民众，在报纸上突然看到一篇散文，肯定会有一些新鲜感，这是对于文学形式的久别重逢的新鲜感，而不会是因为看到了什么佳作。

张月赓主持的《延风》越办影响越大，到后来，时在《人民日报》文艺部工作的傅作义的长女傅冬菊，还带了一位李姓编辑到《西安日报》，说《西安日报》办了副刊，办得很出色，《人民日报》也要办副刊。

陈忠实"文革"前最后一篇文学作品是散文《迎春曲》，发表于1966年4月17日的《西安晚报》。

《闪亮的红星》是陈忠实中断文学写作六年之后的第一篇文学作品。在陈忠实看来，这是恢复写作生命的一篇散文。这篇散文写得很是艰难，先是没有感觉，找不到文学的感觉。但是心里记着一件事，要写一篇散文，因此，思维也在慢慢地转变着，眼光也在渐渐地调整着，公文时论思维要转换成艺术的形象思维，眼光也要从政治与政策，转向生活和人，以及人的情感。《闪亮的红星》作成，成败并不足论，重要的是，陈忠实

< 散文《闪亮的红星》题图
> 《老班长》插图和《工农兵文艺》1972年第7期刊影

把截断了六年的那根文学神经接通了，干涸了六年的那根文学神经也润泽了，变得有些僵硬的思维，也柔软了，灵活了，似乎跳跃着文学的浪花，重新流动起来了。

此后不久，他又写了一篇散文《寄生》，寄给张月赓。张月赓已经编好并排版，但在主编那里未能通过。主编认为这篇散文观念上有些问题。后由张月赓转投陕西省工农兵艺术馆编的《工农兵文艺》，《工农兵文艺》将原题改为《老班长》，发表在该刊1972年第7期的小说栏目头条。笔者见网上有些资料还记陈忠实有散文《寄生》，发表于1972年的《西安日报》，不确。陈忠实在后来的各种文集、选集中未收此文。2011年9月15日，笔者查原始资料发现此文，询以陈忠实，陈忠实也只记得有散文《寄生》而不知有小说《老班长》了；陈忠实还对将原题"寄生"改成了"老班长"很惊奇，他想了想，认为可能是当时的编辑部认为"寄生"这个题目有些敏感，不那么"正面"，就把题目给改了。《老班长》所写的题材也是陈忠实那次和赤脚医生进山采药时发现的。陈忠实在秦岭山中发现了一种老树上的寄生物，这种寄生物没有树叶，长得很像小孩的手指头，靠寄食老树的营养维持生命。陈忠实在文中以"寄生"喻地主，所表达的主题，是借对寄生物的批判，批判"一切剥削阶级"。张月赓说这篇散文的寓意是批判林彪。笔者恰好看到两则据称是林彪的"笔记"，林彪所说的话，似乎正是这个"寄生"之意的注脚。"九·一三"事件之后，搜缴了一个林彪、叶群的"笔记"。在叶群记录的林彪谈话中，有这样两则：一，"黑格尔说：何谓伟大人物？伟大人物就是公众利益的代表者。一零一说：何谓当代伟大人物？一号利益的代表者（应声虫）"。二，"要把大拥、大顺作为总诀，要仿恩（格斯）之于马（克思），斯（大林）之于列（宁），蒋（介石）之于孙（中山），跟着转，乃大窍门所在。要亦步亦趋，得一人而得天下"。（张素华：《变局——七千人大会始末》，中国青年出版社2006年版）所谓"一号利益的代表者（应声虫）"，"把大拥、大顺作为总诀"，"亦步亦趋"，从而"得一人而得天下"，实乃寄食而生之意也。因此，张月赓说陈忠实当年写这篇散文是批判林彪，差得不远。

这之后，陈忠实又陆续写出并发表了革命故事《配合问题》，刊于1972年8月27日的《西安日报》；散文《雨中》，刊于1972年10月22日的《西安日报》。闸门一开，涌泉之水汩汩不息。

这些散文或革命故事发表之后，没有稿费。报社给他的报酬，有时是寄一些购书票。陈忠实当时收到的最高价码的购书票，是一元五角。然而拿着购书票去买书，却无可选择。他到西安城中最大的也是指定的钟楼新华书店去购书，却发现没有他想要的书。看来看去，看巴掌大的《新华字典》还算实用，就买回去供孩子念书。这样一来二去，买回了不少字典，多到自家用不完，又只好送给亲戚朋友的孩子。点灯熬油，自赔纸张，劳心伤神，稍有不慎还会惹来灾祸，写这些东西到底所为何来？陈忠实以为，全是因了个人的兴趣。再后来，这个问题一再浮出，始渐悟出，原来是有一根对文字敏感的神经在作祟。

有人的神经敏感于官，有人的神经敏感于钱，有人的神经敏感于声音与节奏，有人的神经敏感于线条与色彩，而他的神经，是敏感于文字。

而且，写字作文，虽苦却乐。苦中自有其乐，甚至大乐。兴趣在也。

在重新对文学产生兴趣之后不久，陈忠实的个人命运也发生了根本性的转折。1972年，他从农民身份变成了吃公家饭的人，命运有了一个巨大的改变。

这一年，上面要培养一批毛主席革命路线的接班人，条件是，年龄限于30岁以下，中共党员，人选定后，被任命为公社党委副书记或副主任。西安市郊区共有26个公社，这一次试点培养10个，毛西公社即在其中。陈忠实是毛西公社推荐的人选。他当时最大的人生考虑是，这一次如果被任命为公社干部，他的身份就变成公家的即体制内的了，变成了干部。此前他一直是民请教师身份。民请教师，属于大集体性质，是民办公助。因此，这个公社副主任对他的人生非常重要。

负责这次干部选拔的，是中共西安市郊区组织部。组织部部长把陈忠实叫到组织部谈话。谈话中，部长问了陈忠实一个问题，当时西安市有五个造反派组织，他问陈忠实认为哪一派好。陈忠实回答说，他认为西安交通大学工总司这一派好。陈忠实觉得，相对而言，其他四个造反派组织都很激进，而工总司这一派相对温和一些。不料，部长听了他的话，却很不以为然。部长说，西安交通大学工总司这一派是保皇派，而另外四派是革命造反派，组织上要用的是有造反精神的人。

陈忠实心里想，完了完了，这一下完了。组织上谈完话后，陈忠实回去把这个谈话结果汇报给毛西公社的书记。书记听了，沉吟了一会儿，说，他去给组织上再做一做工作。

书记的热情陈忠实很感激，但陈忠实心里总觉得这事完了，自己的观点与组织上的用人要求不合，岂能被用？令他没有想到的是，他后来

∧ 2002年的陈忠实。尚洪涛摄

还是被选上了。在西安市郊区这一批任用的10个年轻公社干部中,从政治态度和观点上分,9个都是造反派,就他一个保皇派。

  1973年,陈忠实被任命为毛西公社革命委员会副主任。这是他人生命运的一次重大转折,他由十一年民请教师的身份转为国家正式干部。

10 /《接班以后》一炮打响

> 凡人们绝对信服圣人的圣言而又不真心实意实行,这并不是圣人的悲剧,而是凡人永远成不了圣人的缘故。
>
> ——陈忠实《白鹿原》

∧《陕西文艺》1973年创刊号刊影　　∧《陕西文艺》1973年第3期刊影 　　∧《接班以后》插图之一。王西京插图

陈忠实走上文坛，成为文学人物而引起全国性的关注，应该从他1973年亮相于《陕西文艺》开始。此前，他主要是在《西安晚报》或《西安日报》的文艺副刊上发表一些诗和散文，按当时的一般看法，这样的作者，只属于地方性作者，准确说，属于西安地区的作者。而在《陕西文艺》发表作品就不一样了。《陕西文艺》是当时陕西省唯一的以文学为主的文艺性刊物，代表着当时陕西的文学形象，而且，《陕西文艺》又与此前的陕西的文学杂志《延河》有着前后相承的关系，《延河》在20世纪五六十年代是中国的文学名刊，另外，1970年代文学期刊也少，因此，能在这样的刊物上亮相，作品同时也有引人注目之处，就很容易被人记住或者说是"成名"。北京大学教授钱理群在《我的精神自传》中回忆说，"文革"后期他在贵州，常和一些志趣相投的年轻朋友谈论文学，交流思想，他们觉得当时特别引起他们注意的有三个作家，一个是陈忠实，另外两个是蒋子龙和克非。（钱理群：《我的精神自传》，广西师范大学出版社2007年版，第48页）

1973年7月，由陕西省文艺创作研究室编辑的《陕西文艺》第1期即创刊号出版，陈忠实的散文《水库情深》在创刊号亮相。紧接着，11月，陈忠实的第一个短篇小说《接班以后》，又刊该刊第3期，且发于小说栏目头条。

∧《接班以后》插图之二。王西京插图　　　　　　∧《接班以后》插图之三。王西京插图

　　这篇小说是一炮打响，反响强烈。

　　《接班以后》写于1973年的春天。这一年的春天，陈忠实到西安郊区党校参加为期一个月的"学习班"，郊区党校位于纺织城。至此，连临时到正式，陈忠实已在公社机关工作五年，对关中乡村生活和农民世界有了进一步的了解。在公社的工作，除了参加会议，多是跑在甚至住在生产队里，一来忙，二来作息不由自主，很少有相对安定和清闲的日子。在学习班这一个月，作息规律，空闲时间较多，陈忠实利用早起的时间，利用晚上看电影的机会，躲开大厅通铺的人，写成了他平生的第一个短篇小说《接班以后》。这篇小说近20 000字，首先在字数上突破了他以往单篇文章的字数，更重要的是，他在结构故事和塑造人物方面也完成了一次自我突破。此前，他写过叙事性的革命故事《春夜》《老班长》《配合问题》，其中《老班长》是当散文写的，后来被刊登在小说栏目。故事和小说是有区别的，故事基本是叙述，而小说要展开描写，前者重在情节，后者重在塑造人物。

　　《接班以后》寄到《陕西文艺》编辑部不久，陈忠实便收到编辑部主任董得理用毛笔写来的长信，信中对这篇小说完全肯定，多有赞美，还说到被编辑部传阅，大家反应热烈。最后，董得理约陈忠实到编辑部交换一些细节处理的意见。陈忠实利用到城里开会的机会，走进东木头

市《陕西文艺》编辑部的大门。陈忠实当时还弄不清董得理在编辑部的身份，但能够觉察到他在编辑部负有重要责任。董得理本身是作家，又是一位职业的老编辑，他和陈忠实谈稿子，显得很兴奋，这是一个职业编辑发现一篇好稿子时由衷的欣喜。谈到小说存在的问题，董得理谈得又很仔细，他对小说的细部包括一些不恰当的字词都一一谈到，和作者陈忠实交换意见，以期修改。陈忠实发现，董得理很坦率，谈到了真正的文学和当下流行的"假大空"文艺的区别，与一个作者第一次谈话，董得理就敢对"假大空"文艺表示鄙夷，这让陈忠实感到此人真诚而有胆识。

《接班以后》的插图是王西京所配，王西京其时供职于《西安日报》，为美术编辑。小说发表后产生了广泛影响。许多人读了，说陈忠实的语言像柳青。《陕西文艺》的编辑把这篇小说送给柳青看，柳青阅读的同时，对这篇小说有多处修改。关于柳青对《接班以后》的阅读修改稿，陈忠实回忆说，他是在张月赓那里看到的。张月赓告诉陈忠实，和他同一个部门的年轻编辑张长仓，是柳青的追慕者，也很得柳青的信赖。张长仓从柳青那里看到了柳青对《接班以后》的修改手迹，拿回来让张月赓看。陈忠实在张月赓家里看到了柳青对《接班以后》第一节的修改文

< 2010年，天津，陈忠实（右）与蒋子龙（左）。邢小利摄
< 2012年2月1日，西安美术学院，陈忠实（右）与王西京（左）。邢小利摄

字，其中大多是对不大准确的字词的修改，也删去了一些赘词废话，差不多每一行文字都有修改圈画。陈忠实和张月赓逐字逐句斟酌掂量那些被修改的字句，深受感动，也深受教育。柳青追求文字准确、形象、生动的精神令他震惊。陈忠实认为，这应该是老师对学生的一次作文辅导，让他终生难忘。

新创刊的《陕西文艺》，很快团结起来一批青年作家。不过，这个时期的作家皆自称或被称为"作者"，同时在名字之前标明社会身份，如工人作者、农民作者、解放军作者等，以区别于"文艺黑线"，表明"工农兵"占据了文艺阵地。邹志安、京夫、路遥、贾平凹、李凤杰、韩起、徐岳、王晓新、王蓬、谷溪、李天芳、晓雷、闻频等，先后都在《陕西文艺》上崭露头角，进行了最初的文学操练。新时期开始，这些青年"作者"更加活跃，而各人都初具自己的文学姿态，一时成为荒寂十年之

∧《高家兄弟》插图之一。樊玉民插图　　　　　　∧《高家兄弟》插图之二。樊玉民插图

∧《公社书记》插图之一。周正插图　　　　　　　　∧《公社书记》插图之二。周正插图

后文坛上耀眼的新星,形成中国文坛令人瞩目的陕西青年作家群现象。1981年,中国作家协会选择陕西和湖南两省,作为新时期中国南北两个形成作家群体的省份进行经验交流。

　　陈忠实后来回忆总结认为,《陕西文艺》从创刊到恢复为《延河》的四五年间,即"文革"中后期,受极左政治及其文艺政策影响,他们这些青年业余作者由于文学基础薄弱,文化视野和艺术视野狭窄,各人不同程度都受到了当时的"三突出"观念的影响。所幸的是,《陕西文艺》聚集着一批懂得艺术规律的编辑,而其中有人又是作家,如董得理、王丕祥、路萌、贺抒玉等,有了这些编辑兼作家的指导,青年作者们得以在文学创作实践中不断摸索和体悟文学的本真。陈忠实创作中最初的三篇小说,都发表于《陕西文艺》。1973年第3期发表《接班以后》,1974年第5期发表《高家兄弟》,1975年第4期发表《公社书记》,一年一篇。这些作品的主题和思想,都是按当时的要求跟着潮流走,都在阐释阶级斗争这个当时社会的"纲",陈忠实自己都说事后简直不敢再看。但是,这些写作实践让他锻炼了直接从生活中选取素材的能力,锻炼了语言文字的表达能力,更重要的是,演练了结构和驾驭较大篇幅小说的基本功。《接班以后》等三篇小说每篇都在两万字左右,写这样较长一些的短篇,单是结构这一点,陈忠实认为,对他来说,都是一种前所未有的突破。

由此看来,《陕西文艺》是当年包括陈忠实在内的一批工农兵青年业余作者的文学演练场。他们戴着镣铐的演练,还好,指导演练的有一些人是行家。他们在此学习,在此演练,也从此起步。

11 / 《无畏》之畏

白嘉轩对儿子孝武说:"人说宰相肚里能行船。我说嘛……要想在咱原上活人,心上就得插得住刀!"

——陈忠实《白鹿原》

1976年，这在中国历史上无疑是一个重要的年份。这一年，天灾人祸不断，中国的政治形势也跌宕起伏，政治气候阴晴不定。1月8日，周恩来总理逝世。4月5日，因悼念周总理而爆发了史称"四五运动"又称"天安门事件"的群众性政治运动，后被平息。4月7日，复出不久的邓小平被撤销党内外一切职务。7月6日，朱德委员长逝世。7月28日，河北省唐山、丰南一带，发生了强度为里氏7.8级的地震。9月9日，毛泽东主席逝世。10月6日，"四人帮"被粉碎。

就是在这一年的上半年，陈忠实写了一个短篇小说，名叫《无畏》，刊于1976年第3期的《人民文学》。这篇小说，随着当时政治形势的波诡云谲，先是被肯定，紧接着又被否定。甚至，这还成了陈忠实的一条"罪状"，对陈忠实的个人命运，带来了非同寻常的影响。

陈忠实的第一个短篇小说《接班以后》发表以后，他每年都创作和发表一篇短篇小说，《无畏》惹事之后，他停了下来，几年未写小说。

《接班以后》发表以后，在当时引起较大反响，西安电影制片厂拟拍成电影，请陈忠实到西影厂改编剧本。据西安电影制片厂编的《西影三十年》所载"大事记"所记，1975年"3月12日，文化部党的核心小组派钱筱璋等五人到达西安，当晚即向西影厂党委传达关于故事片创作生产的重要精神"。（西安电影制片厂：《西影三十年》，1988年版，第227页）可见当时因形势所迫，电影故事片的生产已成为当务之急。但陈忠实考虑再三，却对西影厂的人说，他不能去，原因有二：一是他对电影不熟悉，不会写剧本；二是他刚被提拔为毛西公社革委会副主任，紧接着又到南泥湾"五七"干校学习，刚学习回来，既然是毛西公社的人，就要好好为公社做一阵子工作，不然啥都没有干，说不过去。西影厂说服不了他，就找到中共西安郊区组织部部长杨力雄——陈忠实被提拔为毛西公社副主任，就是杨力雄主的事——让他给陈忠实做工作。杨力雄把陈忠实叫到组织部，说："你咋还会弄这事，我咋不知道？你要去写剧本。公社干部要多少我都能配多少，但会写小说、写剧本的，郊区还没有一个人。你要去。"

既然是组织上的安排，1975年8月，陈忠实就名正言顺地到了西影厂，按西影厂的要求，将自己的两个短篇小说《接班以后》和《高家兄弟》改编为电影剧本。他被安排住在西影厂后边的简易招待所，进行改编工作。

《接班以后》从小说到电影剧本，陈忠实下了很大功夫。据陈忠实回忆，1976年年初，《接班以后》电影已经拍摄完成。根据资料，这一年的3月2日，文化部电影局艺术处向各电影制片厂传达了"要拍摄反映'文化大革命'新生事物，特别是反映和'走资派'斗争的影片"的指示。据陈忠实后来对笔者说，拍竣的电影送审后，西影厂的剧本责任编辑给他传达的审查意见是，电影里的"'走资派'怎么只是一个生产队长，官太小，'走资派'走不动"，要求把"走资派"起码改成一个县一级的领导。陈忠实一听头大了，说，都已经拍完了，怎么还要改？原来的内容就是写的一个村子的事，现在要加县级领导，他改不了，怎么能这样改？厂方说不改上边通不过。陈忠实坚持不改。双方几乎闹僵，陈忠实要卷铺盖走人。这时，厂领导来了，找他做工作。来的领导叫田炜，时任西安电影制片厂革命委员会主任。田炜是一个老革命，原是新疆电影制片厂厂长，1964年底任西影厂党委书记兼厂长，是西影第二任厂长。他找到陈忠实，说："你不改怎么办？我已经投入30万了！只要通过就

1975年，陈忠实在西影厂。何志铭摄

行，再加两个镜头补上一个大一点的领导就可以。"再劝陈忠实：这是陕西年轻一代作家中第一部根据小说改编的电影，大家都很关注，改好后上演了影响很大；改不好就通不过，通不过就发行不了，这个影响也是很大的，很不好啊。又慷慨许诺："你改了，我让你坐飞机去一趟北京。"陈忠实对老厂长是尊重的，但对按上边要求修改还是感到很为难，所以没有松口。几经商量，双方达成妥协：作为编剧的陈忠实同意修改，但自己不执笔，由厂方找人改。

1976年3月，刚刚在1月20日才复刊的北京的《人民文学》，办了一个短期创作培训班，通知陈忠实去参加。这个班共有8人，全是当时在全国有一定知名度的业余作者。名曰创作培训，实际上是应约给《人民文学》写稿。陈忠实当时正为电影改稿的事焦头烂额，不想去。当时的陕西文坛，在刚刚起步露头的青年作家中，陈忠实文学创作的综合实力还是很强的，他的几个短篇小说，当时影响很大，所以创作班一定要他去。陈忠实说，他不是那种坐下来就能写出小说的人，创作班说，小说写不了，写一篇散文也行。在与西影厂达成电影修改的妥协意见以后，厂里的同志也对陈忠实说，你出去散散心也好。田炜主任还答应让他坐飞机去一趟北京。陈忠实还从来没有坐过飞机，图新鲜，也想坐一回飞机，就去了北京。

陈忠实到北京的时候，《人民文学》办的这个创作班已经开办十天了。开头两天，因为说好的不写小说，陈忠实感觉很轻松，一直在闲转。转了两天觉得乏味，也觉得整天闲转不合适，他心想，既然来了，还是好好写篇东西。尽管说好的是只写一篇散文，但陈忠实当时的短篇小说影响很大，他原来也计划每年能写一篇小说，同时，《人民文学》极其响亮的牌子，对于一个业余作者来说，还是极富诱惑力的，能在上边发一个小说，效果自然比散文要好，因此陈忠实调整思路，重新构思，然后用了一个星期时间，写了一篇小说，题为《无畏》，交给创作培训班。

《人民文学》很快刊登于1976年第3期。位置显要，位于小说头条。

在北京写稿的时候，"四五运动"爆发。写稿之余，陈忠实也到天安门广场看热闹。

1976年7月2日到4日，文化部电影局局长亚马到西安电影制片厂，审查了西影厂摄制的《接班以后》样片和另外几部准备上戏的剧本。《接班以后》的电影名字改了，叫《渭水新歌》。《西影三十年》是这样记载的，"西影在1975年11月上报的1976年5部影片生产计划中，原来一部也没有写'走资派'"，1976年7月，"当时的电影局长亲自赶来西影，审查了拍摄的影片和准备上戏的剧本，对西影进行了严厉批评"，局长"指出：'写与走资派斗争是长期的斗争'，'在反击右倾翻案，深入批邓的斗争中，要考虑究竟电影的根本任务是什么'，'不能有了影片就算'。告诫西影'低调作品不行，反调作品更不行'。该电影局长还指示要把当年的电影生产扭到'写走资派'的轨道上去，'题材规划该变就得变，上影、北影、长影都改了计划，已经大变'"。《渭水新歌》本来"写的是农村干部接班以后，新老干部间的思想斗争"，却被"指出影片中的阶级斗争'根子追到地主刘敬斋，这就有问题，而且问题就大了'，要在'老支书身上做文章，省里、县里有人，往上捅一捅就好。时代背景上要加加工，特别是反击右倾翻案风以来，毛主席作了一系列重要指示，指出资产阶级就在共产党内。要有和走资派斗争这条线'"。（西安电影制片厂：《西影三十年》，1988年版，第43—44页）关于亚马局长来西影审查以及

彩色故事片

渭水新歌

根据小说《接班以后》改编

西安电影制片厂
一九七六年十月摄制

△《接班以后》被改编为彩色故事片《渭水新歌》。何志铭供图

所提意见，陈忠实后来回忆说，这一次所提意见，西影厂没有人告诉他。

《渭水新歌》几经周折，几多修改，最后终于正式发行，时在1977年1月。这部电影是彩色影片，编剧是陈忠实，导演是刘斌，摄影是林景，美术是王菲，作曲是李耀东，演奏、演唱是陕西省歌舞剧院，独唱是冯健雪。影片内容是1973年，青年刘东海担任刘家桥村党支部书记后，在他带领下掀起"农业学大寨"的新高潮。地主分子刘敬斋勾结坏人，妄图破坏"三结合"领导班子。刘东海以阶级斗争为纲，大批资本主义，揭穿了敌人的阴谋，使"农业学大寨"取得了成绩。《西影三十年》关于《渭水新歌》的发行情况有如下记载："《渭水新歌》《奥金玛》《长河奔腾》）这三部影片按照'四人帮'的'写与走资派斗争'的图谋改写拍摄后，弄得面目全非，不堪入目，于1977年先后完成后，其中两部不能发行，《渭水新歌》虽然勉强发行，效果极为不好。"（西安电影制片厂：《西影三十年》，1988年版，第44页）

1976年10月底，《接班以后》已基本制作完成，根据《高家兄弟》改编的电影剧本也写出了打印稿，任务完成，陈忠实回到了原单位毛西公社。

粉碎"四人帮"以后,全国开始揭批"四人帮"。区委领导在揭批"四人帮"报告中说,"我们区有人以小说反党"。虽然没有点名,但谁都知道,本区除了陈忠实以外,没有第二个人。散会以后,区文化馆一位文学辅导干部一见陈忠实,显得比陈忠实还着急,说:"这是点你的名哩。"陈忠实说:"我也不知该怎么办?"该干部说:"咱们一起去找领导。"拉着他找到领导,领导对陈忠实说:"没有呀,我没有说你。"领导虽然不承认,但是各种压力都指向了陈忠实。有传言说,陈忠实到北京,是江青叫去的,写《无畏》也是江青钦点的。在当时的政治形势下,与"四人帮"特别是与江青能直接挂上钩,那可是要命的事。区上还两次派人入京,到《人民文学》编辑部调查陈忠实写作《无畏》的政治背景。尽管调查无果,但在当时年代,一个人被组织进行调查,调查结果又不公之于众,人们不明真相,不知所以,于是各种传言乃至谣言就像蝙蝠一样趁着夜色向四处流窜。

陈忠实一时之间感到了无边的夜色和巨大的压力。

陈忠实回忆说,包括当时的中国作协西安分会对他的态度也明显冷淡了下来。

当时作协西安分会所有的文学活动,都不见了曾经相当活跃的陈忠实的身影。

俗话说祸不单行。雪上加霜的是,除了《无畏》之外,当时还有这样的一个背景:把陈忠实提拔为毛西公社副主任,当年找陈忠实谈话的那个西安郊区组织部部长杨力雄,如今也被上下串线,打成了"四人帮"的人,因此,凡是经他之手提拔的干部也都在被审查之列。

在陈忠实倍感压力和困难的时候，《人民文学》编辑部的编辑崔道怡到了西安。崔道怡先向西安市和西安郊区有关方面就陈忠实创作《无畏》的过程和背景做了解释，再到中国作协西安分会找到《延河》编辑路萌，由路萌陪同找到了毛西公社。崔道怡代表《人民文学》向公社领导把陈忠实写作《无畏》的情况进行了说明。他讲，当时《人民文学》就是搞了一个创作培训班，陈忠实在学习期间，自己构思，写了《无畏》。崔道怡讲，可以对《无畏》这篇作品进行批判，但这件事跟江青无关。这之后，崔道怡还找到陈忠实下乡驻队的村子，一边安慰陈忠实，一边说："如果有人再找你的麻烦，你打电话给我，我立即从北京坐飞机来向他们解释。"听了这话，陈忠实极为感动。

后来，经调查他与"四人帮"无任何干系，也未在其工作中发现有任何错误。中共灞桥区委对此事的考察结论是：这篇小说"有严重错误，但不属在组织上与'四人帮'帮派体系有牵连的人和事"。

尽管如此，这篇《无畏》在当时还是给陈忠实的工作和生活带来了深刻影响。他被撤销了公社党委副书记职务。

长期生活、工作于农村，陈忠实既是农村社会的一员，对农民当然也是很有感情的。当民请教师期间，"文革"特殊时期，学校停课以后，他投身于真正属于农民的田间劳作，翻地、拉车、割麦、打场……他成了生产队最壮的劳力。作为毛西人民公社基层干部的陈忠实，除了业余爱好并写了些文学作品外，在工作中是踏实肯干、尽心尽力的。在当公社副主任和副书记期间，除了组织、人事工作他不管，其他如大田生产、养猪、种菜等，他统统都要管。党在农村一个时期关于农村的大政策、小政策，他完全是直接的贯彻执行者和参与者。1976年春节前，他组织

∧ 2008年陈忠实在野外。尚洪涛摄

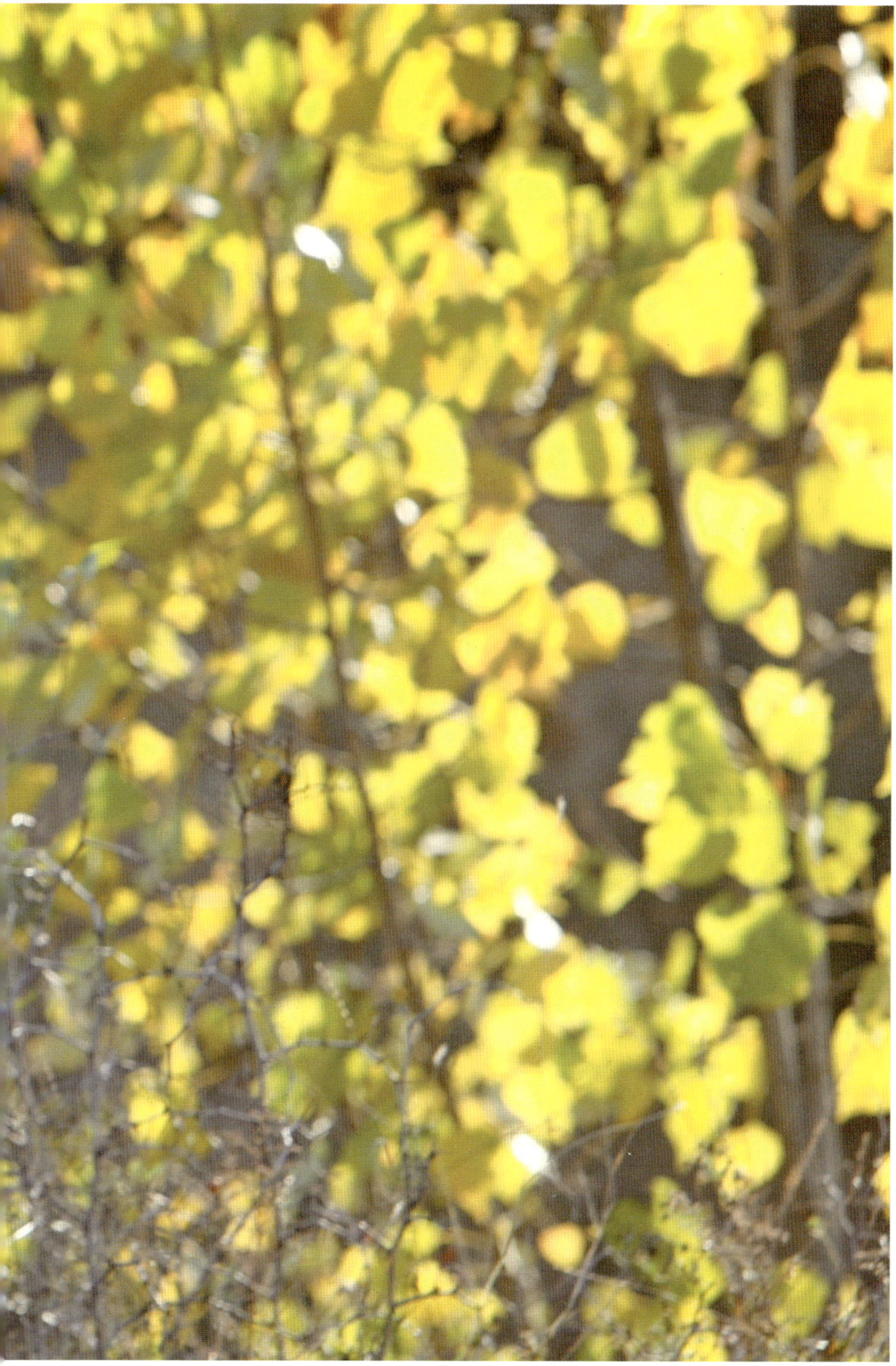

社员拉着养肥的猪，到市里参加展示大好形势的游行。1976年冬天，为完成上级下达的任务，他带人进村收鸡蛋，别人为完成任务，在村里翻箱倒柜，弄得鸡飞狗跳，他看农民实在穷得可怜，前村进，后村出，只收了一个鸡蛋，说这是一个母鸡刚下的蛋，蛋还是温热的，上面带着血丝。1977年夏，他是公社平整土地学大寨的总指挥，整整三个月坐镇在第一线，带领1000多人，去完成把跑水、跑土、跑肥的三跑田改造成蓄水、蓄肥田的任务。1978年上半年，作为工程副总指挥，他组织公社大量人力在灞河修筑河堤，多少年后，河堤依然发挥着挡水护田的作用。

30来岁，就被撤职，这样的经历，对依然年轻的陈忠实来说，打击无疑是相当重的。心理上的压力尤其大。从一个多年的民请教师，到借调到公社帮忙，多年后才成为正式的国家干部，当了公社副主任，再当了公社副书记，陈忠实以文字工作起家，后来的工作中也多与文字打交道，但他这个时期，还一直只是把文学创作当成一个业余爱好，最多是当成改变个人命运的一个工具，并没有把文学当成一个可以安身立命、当成可作终身追求的大事业来对待。如今，公社副书记之职被撤，看似少了一顶帽子，其实背后的真实含义是，他的政治命运——换个说法就是仕途就此被终结。不管事实是否真的如此，至少，陈忠实当时就是这么认识的。他认为，在一个强调政治甚至过度强调政治的体制内，一个人在政治上被组织质疑，他的政治前途还会有希望吗？当时，在毛西公社内部甚至整个郊区，关于陈忠实，也是议论纷纷。有些话难免飘到了陈忠实的耳朵里，这使陈忠实感到了空前的压力。

前途既无望，继续待在公社，一种无形的压力和尴尬的氛围，也使陈忠实感到极其烦闷。

陈忠实开始考虑他未来的前途和命运。

"此孰吉孰凶？何去何从？"

此时的境况是一种挑战，同时又何尝不是一个转机？

归去来兮，还是回到文学吧。陈忠实想来想去，觉得还是干一个接近文学的工作比较适合自己。"悟已往之不谏，知来者之可追；实迷途其未远，觉今是而昨非。"以文学始，还是回到文学吧。

12 / 《信任》获奖，重拾信心

> 自己的头由自己摇。对于我这样经历的中国人，能意识到自己的头由自己来摇，既是人生立世的启蒙，也是自己活人成事的基本之点。这句蕴含着哲理也蕴含着民间智慧的谚语，启示我努力地体验社会和人生，然后发出自己的声音，且不管它宏大或微渺，只求是自己的就足以心地踏实了。
>
> ——陈忠实《人生九问》

△ 1979年2月25日，中国作家协会西安分会第二次会员代表大会代表合影

  1979年的春天似乎来得早一些。刚刚复苏的中国文学界也像自然界一样春潮涌动。

  春节刚过不久，农历还在正月里，公历的2月21日至27日，中国作家协会西安分会第二次会员代表大会，在西安市和平门外的胜利饭店召开。这里离建国路的作协西安分会大院很近。这是"文化大革命"之后，作协西安分会恢复工作以来的第一次会员代表大会。出席这次代表大会的代表共有83人。陈忠实是本次会议的代表。

  会议最后一天，陈忠实的会议住房里来了一位客人。此人是《陕西日报》文艺部编辑吕震岳。

"你是陈忠实吧？"吕震岳问过之后自报家门，"我是吕震岳，陕报文艺部的。"

陈忠实急忙让座倒水。吕震岳是老编辑，比陈忠实年长，头发已显得稀疏。头一次见面，陈忠实手忙脚乱的礼仪中显出了敬重。吕震岳坐下以后，没有寒暄，直接表明来意，约陈忠实给陕报文艺版写篇小说。吕震岳说："你以前的几篇小说我看过，很不错，有柳青味儿。"

陈忠实应诺下来。

吕震岳又叮嘱说："一版顶多只能装下7000字，你不要超过这个数就行。"说罢就告辞了。

△ 1974年夏，立新公社立新渠工程指挥部同志在红岩嘴与陈忠实（后排中间站立者）现场测定渠首工程

  吕震岳的约稿，让陈忠实心里暖暖的。三年过去了，但《无畏》的阴影还多少留在心里，没有完全挥去。

  1976年复刊（文化部的报告并获中央批准的决定，则是"创办"，意在明确"十七年"和"无产阶级文化大革命"时期的区别）的《人民文学》是双月刊，逢单月出版。《无畏》5月刊出，10月"四人帮"被粉碎，在翻天覆地的政治变化中，小说《无畏》的遭遇和评价也经历了天翻地覆的变化，而陈忠实的心理，也经历了巨大的冲击。一方面是"四人帮"倒台之后普遍欢欣鼓舞的政治氛围和社会心理，一方面是因了《无畏》的写作而产生的严重挫败感，两者在陈忠实内心形成剧烈的心理冲突。这个心理过程很长，直到1978年的冬天，陈忠实在对自己创作的反思中，仍然有深深的自责和羞愧。

  1977年冬天，陈忠实被任命为毛西公社灞河河堤水利会战工程的主管副总指挥，组织公社的人力在灞河修筑八里的河堤，住在距河水不过50米的河岸边的工房里。这个工房是河岸边土崖下的一座孤零零的瓦房，他和指挥部的同志就住这里，生着大火炉，睡着麦秸做垫子的集体床铺。

《信任》获奖,重拾信心

∧ 1999年春节,陈忠实(前排左三)与原立新公社部分同志合影

﹥ 1999年春节,陈忠实(左)与老战友、原立新公社党委书记、主任惠维忠(右)

∧ 1978年，文学、戏剧、美术、音乐各协会开始恢复筹备，陕西省文艺创作研究室解散时工作人员合影

大会战紧张而繁忙，陈忠实一天到晚奔忙在工地上。冬去春来，1978年到来了。站在灞河河堤会战工地四望，川原积雪融化，河面寒冰解冻，春汛汹汹。紧张的施工之余，陈忠实在麦秸铺上读了《人民文学》杂志上的两篇短篇小说。第一篇是《窗口》，刊《人民文学》1978年1月号，作者莫伸，陕西业余作者，时为西安铁路局宝鸡东站装卸工人；第二篇是《班主任》，刊《人民文学》1977年11月号小说栏头条，作者刘心武，北京业余作者，时为北京一所中学的教师。莫伸比陈忠实年轻，刘心武与陈忠实同龄，两人都是崭露头角的文学新人。这两篇小说在当时影响都很大，陈忠实读了，有三重心理感受：一是小说都很优美；二是不由得联想到自己的写作，更深深地陷入羞愧之中；三是感到很振奋。特别是读了《班主任》，他的感受更复杂，也想得更多。当他阅读这篇万把字的小说时，竟然产生心惊肉跳的感觉。"每一次心惊肉跳发生的时候，心里都涌出一句话，小说敢这样写了！"陈忠实作为一个业余作者，尽管

《信任》获奖，重拾信心　　　　　　　　　　　　　　　　　　　　　105

∧ 1980年代前期，《延河》编辑部新老编辑合影。前排左起：白描、董得理、余念、王丕祥、任士增、贺抒玉、王愚、杨韦昕。第二排左起：晓雷、张文彬、卫凤英、高彬、姜洪章、雷乐长、路遥、闻频。第三排左起：张艳茜、张沼清、杨进宝、李子、刘建章。后排左起：羊超、刘广英、徐子心、王观胜、许如珍、张晓光、李星

　　远离文学圈，却早已深切地感知到文学的巨大风险。但他是真爱文学的，他对真正的文学也有感知力，真正的文学在表现生活和写人的过程中，那种对于现实和生活的思想穿透力量和强大的艺术感动力量，他也是有深切的体会的。他本来是在麦草地铺上躺着阅读的，读罢却再也躺不住了。他在初春的河堤上走来走去，他的心中如春潮翻腾。他敏锐地感觉到：文学创作可以当作事业来干的时候终于到来了！在陈忠实看来，《班主任》犹如春天的第一只燕子，衔来了文学从极左文艺政策下解放出来的春的消息，寒冰开始"解冻"了，预示着一个新的时代开始了。陈忠实望着灞河奔涌向前的春潮，明确地意识到，他的人生之路也应该重新调整了。

　　陈忠实后来称这个偶然的阅读，是引发他人生之路"关键一步的转折"的阅读。

　　1978年，陈忠实36岁。他对自己的前途和未来进行了分析和谋划，

再三地审视自己判断自己，决定还是离开基层行政部门，放弃仕途，转入文化单位，去读书，去反省，从而皈依文学，真正全身心地进入文学领域。6月，在基本搞完灞河这个八里长的河堤工程之后，陈忠实觉得给家乡留了一份纪念物；7月，他就申请调动，到西安市郊区文化馆工作。

经组织上研究，安排他担任西安市郊区文化馆副馆长。

10月，陈忠实开始到文化馆上班。这个时期的西安郊区是一个大郊区，含西安市城三区之外东南西北所有郊区，郊区党和政府所在地在西安南郊的小寨。郊区文化馆的驻地也在小寨，共有两处办公用房：一处在小寨工人俱乐部的小楼里，那里住着大多数文化领导和干部；另一处是"文革"前的老文化馆所在地，全是平房，在后来的陕西历史博物馆近旁。后一处房屋已经破落残损，院子里长满荒草。陈忠实图清静，选择了后一处。而这里好一点的房子也都被人挑了，他便选了东南角一间无人居住的残破屋子。收拾好安身之处，陈忠实很满意，然后坐下来静心读书。

他从图书馆借来刚刚解禁的各种中外小说，从书店也买了一些刚刚翻译出版的外国小说，其中有一些是诺贝尔得奖作品，在破屋里从早读到晚。倦了，看看窗外，窗外是农民的菜地，生长着白菜，白菜地的畦梁上插长着绿头萝卜。读到后来，他的兴趣集中到莫泊桑和契诃夫身上。这一个时期，他的创作处于写短篇小说阶段，所以对短篇小说艺术非常重视。读遍所能借到的这两位短篇小说大师的短篇小说作品之后，他又把注意力集中到莫泊桑身上。他在阅读中比较了两位作家的艺术特点，认为契诃夫是以人物结构小说，莫泊桑是以故事结构小说并塑造人物，前者难度较大，后者可能更适宜于他的写作实际。这样，他就在莫泊桑

> 1978年夏，西安市郊区洪庆公社平整土地战区，陈忠实在誓师动员大会上作动员报告

浩瀚的短篇小说里，选出十余篇结构形式不同的小说，反复琢磨，拆卸组装，探求其中结构的奥秘。这次阅读历时三个月，是他一生中最专注最集中的一次阅读。这次阅读，陈忠实提前做了时间上的精心规划和安排，是他在认识到"创作可以当作一项事业来干"的时候，对自己进行的一次必要的艺术提高。

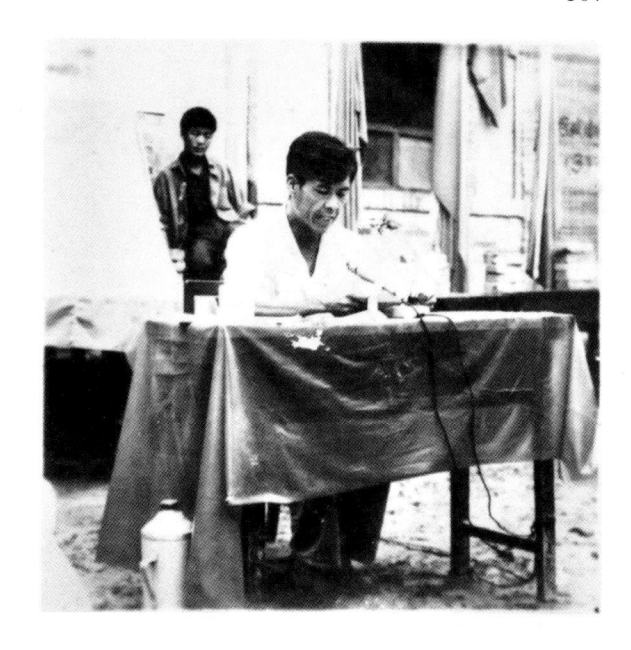

陈忠实从《班主任》发表后得到的热烈反响中，清晰地感知到了文学创作复归艺术自身规律的趋势。"文革"的极左政治和极左文艺政策，对社会对人的精神破坏性极大，早已天怨人怒；而"文革"前十七年愈来愈"左"的文艺指导教条，也需要一番认真的清理。他在这个时期冷静地反思自己，清醒地认识到，从喜欢文学的少年时期到能发表习作的文学青年时期，他整个都浸泡在这十七年文学的影响之中，而十七年的文学及其经验，现在极需认真反思了。因此，他认为，自己关于文学关于创作的理解，也应该完成一个如政治思想界"拨乱反正"的过程。他觉得，这个反思和提高的过程，最为得力的措施莫过于阅读。阅读很明确，那就是读外国作家作品。与世界性的文学大师和名著直接见面，感受真正的艺术，这样才有可能排除意识里潜存的非文学因素，假李逵只能靠真李逵来逼其消遁。他后来把这个过程称之为"剥离"。自我反思，自我批判，自我深化，是一个作家更新蝶变的最为有效的途径。

∨ 2010年5月。陈忠实在1978年修建的灞河河堤上。邢小利摄

窗外的白菜日渐硕大，萝卜日见粗壮，陈忠实读书的收获也日渐丰盈。阅读使他进入了真正的又是五彩缤纷的小说艺术世界，非文学的因素基本被廓清了，他正在逼近真正的文学殿堂。1979年春节过后，陈忠实觉得自己羞愧的心理得以调整，信心也恢复了，心中洋溢着强烈的创作欲望。他在那间小房子里重新开始了小说写作。

就在这个时候，吕震岳向他约稿。陈忠实感激的同时，自然十分珍惜，他想尽力写好一篇小说给吕震岳。此时他正在构思一篇小说，篇幅较大，计划写好后给《人民文学》，便想先写完这个短篇，接着为《陕西日报》写。不久，吕震岳来了一信，催问稿子。读罢信，陈忠实改了主意，决定把即将动笔要写的拟给《人民文学》的这个短篇给吕震岳。他按照7000字的篇幅，调整结构，锤炼语言，甚至一边写着一边按页计算字数，写完正好7000字。这篇小说就是《信任》。

稿子写成以后，陈忠实心里又有点不踏实，担心自己所写的内容不合时宜，进而引起误解。《信任》以后辈的恩怨矛盾以至殴斗为切入点，写一位曾经蒙冤挨整的农村基层干部，在新时期复出以后，以博大的胸襟和真诚的态度对待过去整过他的"冤家仇人"，意在化解过往政治运动所带来的人与人之间的怨恨情绪，团结一心向前看。这个小说的切点和主题，与当时的伤痕文学潮流形成反差，其时伤痕文学正势如怒潮，汹涌澎湃，文学在控诉"四人帮"祸国殃民罪行的同时，重在展现历次政治运动给人心灵带来的严重伤害，而社会情绪亦与此一致，平反冤假错案激起社会各阶层强烈的反应，在农村，包括当年"四清"运动的历史矛盾，在新时期又激起新的涟漪，矛盾复杂而尖锐。《信任》则是表现挨过整的农村基层干部重新掌权后却既往不咎，冰释前嫌，这与要清算历史

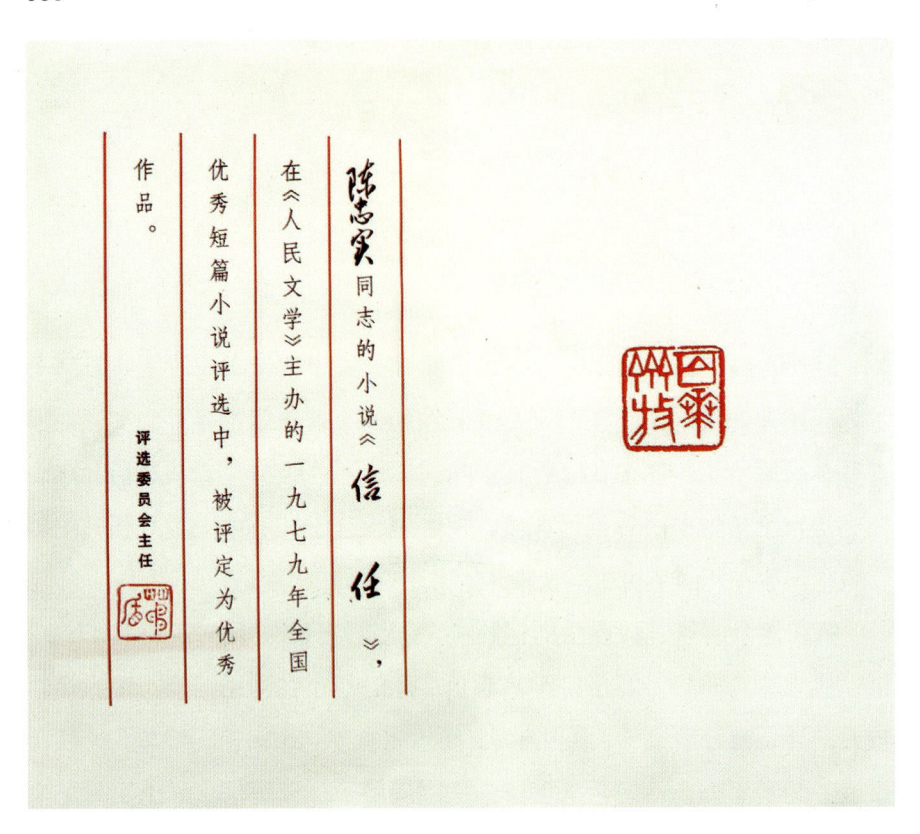

∧《信任》获全国优秀短篇小说奖证书

旧账的控诉性时代情绪不大合拍。对这样的内容和主题，陈忠实一时把握不准，于是拿着稿子去找老朋友张月赓，想让他给把把脉。

张月赓住在西安晚报社两层楼的简易居室里，一大间屋子，卧室书房会客三用。陈忠实到的时候，部队作家丁树荣已经在座。陈忠实先说了自己的担心，再拿出稿子，丁树荣和张月赓先后读罢，肯定了这篇小说。陈忠实看他们表情认真，心里有了些自信。丁树荣很热情，说他和吕震岳很熟悉，正好还要去找吕震岳，愿意替陈忠实捎带上稿子。陈忠实把稿子交给丁树荣，第二天就在自行车后架上捆绑着被褥卷儿，车头网带里装上洗漱用具，到西安北郊下乡参加夏收劳动去了。

一周之后，《信任》在《陕西日报》文艺版刊出，时间是1979年6月3日。

《信任》发表后，陈忠实听到周围一些熟识的行政干部对这篇小说赞

>《信任》获全国优秀短篇小说奖证书封面

扬性的议论，不敢完全相信，以为多是鼓励。过了十来天，他从乡下归来，到文化馆看到报上发表的《信任》，眼中不由得发热。这是他第一次在《陕西日报》文艺副刊上发表作品。但他的眼热并非因此，而是忽然间感慨习作的道路是如此艰难，自己这时多么需要得到鼓励，借以恢复写作的自信，而《信任》的发表无疑给了他最真实也是最迫切需要的自信。同时，他也接到吕震岳一封信，说作品发表后引起强烈反响，已收到不少读者来信，让他到报社去看看那些读者是怎么评说的。陈忠实很看重普通读者的意见，他骑上自行车沿着雁塔路直奔东大街，到了陕西日报社。吕震岳见了他很高兴，拿出一摞读者来信，高兴而感慨地说："看看，刚发表十来天，来了多少信说这个作品。"

陈忠实一封一封读着来信，禁不住热泪盈眶。他这时的激动，固然源自读者对于小说的好评，但他感受更多更深的，是读者对他的"信任"，或者说，是"信任"的恢复。此时的他，是太需要读者对他的"信任"了。三年来，《无畏》造成的不良影响，陈忠实一直深以为耻，也深以为痛，他也一直期望着，能以新的创作来重新证明自己，挽回那些可能弃他而去的读者，重新建立他和读者真诚的信赖。此时此刻，陈忠实手中那一封封热情洋溢的信，就是在向他表明，他最期望的信赖，已经随着《信任》不期而至。

不过，还有一封信，是另外一种态度和调子。这封信以不屑的口气评说《信任》，更以不屑的口气讥讽陈忠实，说陈忠实在"文化大革命"期间写过一些跟风小说，现在却倒过来写什么《信任》，很不以为然。读了这封信，陈忠实心态平和，并没有不快或恼火，他真心认为，这个人所说的基本上是客观事实，这个人肯定读过他过去写的几篇以阶级斗争为主调的短篇小说。咎由自取，自作自受，怪不得别人。从这封表示不屑甚至讥讽的来信中，陈忠实也认识到，对人生和文学，自己还应该做更进一步的反省。

由于王汶石等人的推荐，7月号的《人民文学》迅速转载了《信任》。那时候，还没有《小说月报》一类选刊，《人民文学》辟有转载各地刊物优秀作品的专栏，每期大约转载一两篇。1980年的春天到来时，《人民文学》的女编辑向前给陈忠实写来一封信，告知《信任》已获1979年度全国优秀短篇小说奖。这个评奖采用读者投票的方法，计票结果一出来，前20名得奖作品便被确定下来。全国优秀短篇小说奖作为新时期最早设立的全国性文学评奖之一（另一项是全国优秀中篇小说奖），1980年是第二届评奖。1978年是第一届，那一届获奖的陕西作者，一个是莫伸及其《窗口》，一个是贾平凹及其《满月儿》。这一届陕西作者是陈忠实一人。

颁奖仪式很隆重。但陈忠实因为夫人突然生病没有去成，他只是在报纸上看到了发奖的消息。

13 / 在灞桥文化馆的日子

灞桥是我家乡,生我,养我,培育滋润了我。……在那二十年的乡村基层工作中,我才逐渐加深了对社会和人生的了解和体验;完全可以这样来概括,如果没有那二十年的乡村工作实践,我的全部文学创作都是不可想象的,或者说完全会是另外一种面貌。

——陈忠实《故乡,心灵中最温馨的一隅》

1980年的春节刚刚过罢，西安市郊区分为雁塔、未央和灞桥三个区。陈忠实所在的郊区文化馆亦随之一分为三。陈忠实选择了离家较近的灞桥区文化馆。妻儿老小还在乡下，依赖生产队生活，他回到灞桥，关照家里方便。而且，家里的自留地还得他务弄。

　　新设立的灞桥区党政办公地在西安东郊纺织城，一时缺少办公房舍，就把文化馆暂且安排到距区政府机关十里之外的灞桥古镇上。灞桥古镇有一家电影院，据说是1958年大跃进年代兴建的文化娱乐设施，是以木材和红瓦构建的放映大棚。放映棚后边，有一排低矮的土坯墙平房，是电影工作人员宿舍兼办公的地方。如今这里腾出一半，给文化馆干部住。门前挂出一块白底黑字的招牌：灞桥区文化馆。陈忠实是副馆长，分到一间小屋，里边配备了一张办公桌，两把椅子，一块床板，宿办合一。陈忠实给自己买了一只小火炉，用以烧水做饭。煤按统购物资，每月定量，到灞桥南边的柳巷煤店去购买。陈忠实此时还兼着灞桥区文化局的副局长（西安市灞桥区党委1980年4月5日任命），本来可以在区政府给文化局分配的稍好的办公室办公，但他选择了和文化馆干部搅和在一起。

　　陈忠实选择到文化馆，一是图这里清静，二是喜欢这个千年古镇。

< 2004 年 10 月，观看隋唐灞桥遗址

此地乃古人折柳送别之地，能让人生出诸多文化联想。灞桥南头又是他的高中母校，他于此曾读书三年，平添了一缕温情。重要的是，陈忠实觉得这个古镇富有文学情调，合于自己的心性。

这个时期的陈忠实，生活习性、生活方式与当地的农民差不了多少，但内心深处，却还是有一种不同于一般农民的文化情调的。农民的生活基本上是实用的，而陈忠实，一般的也讲究实用，但对自然与生活，无疑多了一重审美的眼光。早春时节，灞河刚刚解冻，陈忠实喜欢到长堤上漫步，探看杨柳枝条上春色着未。夏日傍晚，他喜欢把脚伸进水里，静静地看长河落日，看它如何由灿烂归于黯淡。深秋时分，他徜徉于灞河滩里，眼看着杂草野花一日一日变得枯黄，也会有悲秋之感。隆冬时节，柳细河瘦，望远处雪原茫茫，心绪亦随之悠远。而灞桥古镇每逢集日，男女乡民推车挑担，拉牛牵羊，拥挤着，吆喝着，又是一番生动的生活景致。时代刚刚跨入 20 世纪 80 年代，古镇周边的乡民有一种春回复苏的气象，他们纷纷聚集于集市，脸上有一种刚刚获得喘息的轻松，脚下却是奔向好日子的急迫。古镇也呈现着先前未有的活力，牛马市场，木材市场，小吃摊前，市声嘈杂，人声鼎沸，陈忠实时常徜徉于此，沉迷于此，内心激荡着，思绪飞扬着。

傍一弯灞河，依一堤柳绿，古镇灞桥近连城市，远接乡野，西望长安，东眺关外，闹中有静，僻而不陋，陈忠实觉得此地甚佳，非常切合他的生活习性和生存心理。

这一年的夏天，陈忠实落脚古镇半年之后，一个酷暑三伏最难熬的日子，有一个小伙子走进电影院后院的平房，来找陈忠实。此人是《北京文学》的编辑刘恒。一见之下，陈忠实急忙让座，递茶。陈忠实知道，

∧ 1990 年代中期，陈忠实在西安街头小摊上吃午餐

从西安城里到灞桥，来一趟不容易。两者之间只有一趟 13 路公交汽车，一小时一趟，人拥挤，路不平，行车很慢。一个来自北京的编辑，居然冒着酷热造访，陈忠实自是感动不已。刘恒喝着粗茶，说他来约稿，是《北京文学》小说组组长傅用霖让他来的。陈忠实与傅用霖 1976 年相识于北京的《人民文学》创作培训班。有了这层关系，陈忠实觉得与刘恒一下子亲近了许多。

两人聊了一会，中午饭时，陈忠实说去吃牛羊肉泡馍，刘恒说好。陈忠实把灞桥镇上的吃食店在心里盘算了一下，电影院对面，有镇上的供销社开办的一家国营食堂，虽有几样炒菜，但味道不怎么样；然后就是面条了，有 8 分钱一碗的素面条和 1 毛 5 一碗的肉面条，镇上有多家，但拿不出手，不能招待远方客人；最有地方风味特点的饭食，在西安，那就应当数牛羊肉泡馍了。其时经济政策刚刚松动，古镇上先有了一副卖豆腐脑的挑担，紧跟着就是这家牛羊肉泡馍馆开张。这家仅有一间门

在灞桥文化馆的日子

∧ 1979年，西安。陈忠实（左）与李禾（中）张敏（右）

∨ 1980年夏，西安市政府招待所。陈忠实（第二排右起第三人）参加西安市故事创作座谈会合影

∧ 1980年代前期，陕西文坛几位作家、评论家合影。右起：李星、李健民、贾平凹、王愚、蒙万夫、张月赓、张郁

面的泡馍馆乍一开张，就引起争议，而且这个争议旷日持久。所议者乃是重大是非，关乎两种制度和两条道路的问题。争议不断，而牛羊肉泡馍馆生意日隆，从早晨开门到天黑很久，食客盈门，排队编号，店伙计粗着嗓门呼喊着号码让客人领饭的叫声从早到晚响个不停。午饭时间，一间门面四五张桌子，无法容纳汹涌而来的食客，门外的人行道上，食客便或站或蹲，黑压压一片。

陈忠实领着刘恒走出电影院的敞门，走到熙熙攘攘吃着喊着的一堆人跟前。陈忠实要了优质泡馍，两人便蹲在街道边的人行道上，掰馍，等叫，然后大热天吃泡馍，大汗淋漓，后来干脆站起来吃，十分畅快。事隔二十六年，直到2006年11月，在中国作家协会第七次全国代表大会期间，陈忠实和刘恒在豪华的北京饭店过厅相遇，双方刚握住手，刘恒便笑着说起这一顿午餐。正说着，围过来几位作家朋友，刘恒还向朋友们着意强调是站在街道边上吃的。

陈忠实在灞桥区文化局任副局长，分管的是农村业余文化，主抓农

∧ 1980年7月，太白县招待所。《延河》编辑部召开的农村题材短篇小说创作座谈会。前排左起：京夫、蒋金彦、邹志安、贾平凹。后排左起：路遥、徐岳、陈忠实、王蓬、王晓新

村业余文化创作活动。从1981年开始，他连续办了九期"文学创作讲习班"，为灞桥区农村培养了一批业余创作人才。有一次，文化馆要举办一期创作讲习班，陈忠实到西北大学中文系去请蒙万夫来讲课。路上，陈忠实担心"庙小难安大神"，没想到给蒙万夫一说，蒙万夫满口应承。陈忠实又抱歉地说，文化馆没有车，他也借不来车，到时候只好委屈蒙老师坐公共汽车去。蒙万夫说："你这人，作那个难干啥哩！你给我说清去灞桥该坐哪路车，在哪儿乘车、换车就行了，再就甭管了，保证误不了讲课。"陈忠实一一说了。到了讲课的日子，陈忠实早晨起来还没有来得及吃早点，蒙万夫已经走进他的屋子。蒙万夫进门轻松地说："汽车方便得很嘛！路也不远。"陈忠实知道，蒙老师是以轻松的话来解除他的窘迫，他心里很感激。

蒙万夫的讲演大获成功。蒙万夫不用讲稿，不坐椅子，一直站着讲，一口气讲了三个多小时。蒙万夫从法国的巴尔扎克、雨果讲到俄国的托尔斯泰，然后又讲到中国的柳青，讲到1980年中国文坛那些活跃的中青

∧ 1985年8月，参加长篇小说创作促进会期间，在榆林沙漠。左起：陈忠实、白描、京夫、子页、路遥、贾平凹

< 1982年5月，延安杨家岭。陈忠实（右）与王汶石（左）

△ 1986年,西蒋村陈忠实祖居老屋。右起:张月赓、蒙万夫、陈忠实

年作家及其作品,陕西的中青年作家及其作品,视野开阔,旁征博引,深入浅出,趣味盎然,艺术理论与创作分析紧密结合,非常适合业余作者学习。灞桥地区的农村、工厂、学校等单位的五六十名文学爱好者听了这个讲演,感到很有收获。有几个学员还直后悔没带录音机,说把这场讲演录下来再整理出来,就是一篇很好的关于创作的论文。

日子是散漫的,但陈忠实心中有明确的目标。在文化馆,他的目标就是读书和写作。以下是一笔他在1981年的创作和与创作有关的流水账:

1月18日,写成短篇小说《短篇二题》。刊《延河》1982年第5期。

1月11日草,2月改,写成短篇小说《乡村》。刊《飞天》1981年第6期。

1月,写成短篇小说《土地诗篇》。刊《长安》1981年第6期。

3月26日,写成言论《短篇小说集〈乡村〉后记》。

4月,写成散文《面对这样一双眼睛》。刊7月12日《西安晚报》。

9月,写成言论《看〈望乡〉后想到的》。刊《银幕与观众》1981年

< 1990年代中期，第一次登华山。汪炎（下）、陈忠实（中）、京夫（上）

第 11 期。

10 月 14 日，写成报告文学《崛起》。刊《延河》1982 年第 1 期。

其他具体月日不详，但是在本年写成的有：

特写《可爱的乡村》。刊 11 月 8 日《陕西日报》。

短篇小说《正气篇——〈南村纪事〉之一》。刊《北京文学》1981 年第 10 期。

短篇小说《征服——〈南村纪事〉之二》。刊《奔流》1982 年第 1 期。

短篇小说《丁字路口——〈南村纪事〉之三》。刊《奔流》1982 年第 12 期。

共计：短篇小说 6 篇，散文、特写 2 篇，报告文学 1 篇，言论 2 篇。

另有往年写的三篇短篇小说《尤代表轶事》《苦恼》《回首往事》于这一年分别刊于《延河》1981 年第 1 期、《人民文学》1981 年第 1 期、《长安》1981 年第 2 期。

1981 年 4 月中旬，陈忠实应邀参加由陕西评论界"笔耕组"组织召开的农村题材创作座谈会。因他近年的小说创作受到陕西评论界的关注，

∧ 2013年陈忠实在致辞。尚洪涛摄

老新闻工作者、评论家杨田农在发言中说:"究竟当前农村生活的主要矛盾是什么,'左'的东西还是不是主要的东西?应该说,当前生活中的种种矛盾,还是来源于'左'。陈忠实的作品,受到人们的重视,一个总的主题,就是批判农村中'左'的错误思想。前几年,他的作品揭露批判'四人帮'的'左'的路线的危害;这几年则是清理'左'的流毒,像最近发表的《第一刀》等就是这样。广大人民要求从中国国情出发建设社会主义,当然要清理这些'左'的错误思想。"陈忠实在发言中说,这几年在写作中,他的最大苦恼就在于对农村生活中主要矛盾和矛盾的各个方面摸不准,看不透,常常陷入就事论事的境地。他认为,只有更深入地认识这个变革的时代,才能更深刻地表现这个时代的变革。

6月25日,中国作家协会西安分会在西安举行茶话会,祝贺陕西30多位作家的36篇(部)文学作品获奖。陈忠实近年获奖的作品是:短篇小说《信任》,原刊《陕西日报》1979年6月3日,获中国作协1979年全国优秀短篇小说奖;短篇小说《立身篇》,原刊《甘肃文艺》1980年第6期,获《甘肃文艺》1980年短篇小说奖;短篇小说《第一刀——冯家滩记事》,原刊《陕西日报》1980年11月2日,获《陕西日报》1980年好稿奖一等奖。陈忠实在会上发表了获奖感言《回顾与前瞻》。

夏天,陈忠实出了一趟远差,在与青岛隔海相望的黄岛上,参加了由《北京文学》小说组组长傅用霖组织的文学笔会,会上和会后都大有收获。

1981年,陈忠实39岁,临近不惑。他感觉生命已到了中年,自觉有一种紧迫感。他强烈地意识到,应该在文学上寻求一种突破了。

14 / 蛰居乡村的写作生活

我的前五十年都是在乡村过的，差别仅仅只是身份：乡村孩子兼乡村学生，乡村教师身份是民办性质，当公社干部，一年有三季都住在村子里的农民家中；当专业作家，又生活在只有六十余户人家的以陈姓为主的村子里。我曾经调侃说，柳青在长安县从头到尾工作和生活十四年，成为文坛传诵至今的佳话，我在农村五十年倒没有谁在乎。

——陈忠实《在原下感受关中》

∧ 1980年代前期，中国作协西安分会机关部分工作人员合影。前排左起：杨韦昕、路萌、胡采、王汶石、李若冰、李天芳、牛玉秋、魏钢焰。后排左起：王福海、刘广英、董得理、李玉明、晓雷、刘建章、雷乐长、解洛成、路遥、陈贤仲、袁银波、法绍华、汪炎、李星

1982年11月，陈忠实调入中国作家协会西安分会（即后来的陕西省作家协会）从事专业创作。

陈忠实曾经说，他的人生理想，就是能当一个专业作家。如今，理想实现了。户口和人事关系都进了城，陈忠实决定，还是回到原下的祖居老屋。写作，特别是写农村题材，原下的祖居老屋接地气，也更安静。

此前，陈忠实是灞桥区文化局的副局长兼文化馆副馆长。区委领导关心、爱护他的创作，让他只参与文化局大事的决策和研究，而把更多的时间用在创作上。在文化馆期间，陈忠实的创作，实际上已处于半专业状态，读书和写作的时间是比较充裕的。因此，这个时期，他对自己的生活和创作状态还颇为满足，对进入省作协当专业作家不是太急切。1981年，中国作协西安分会党组决定调他到专业创作组，但因为行政管辖范围问题一时没有调成，他也顺其自然，泰然处之。一年之后顺利调入中国作协西安分会，他决定回归老家。他从1964年离开老家村子，近三十年间，单位和职业都换过几个，但都是星期六下午放假回家，周日晚回到供职单位。如今当了专业作家，时间是充分的自由了，他非常珍

蛰居乡村的写作生活　　127

1980 年代在商洛。右起：陈忠实、贾平凹、周敏、程书长

第一本个人文集《乡村》（短篇小说集，陕西人民出版社 1982 年版）书影

惜这个难得的自由支配时间的权力，觉得要尽量避免没有实际意义的应酬。在新时期跃上文坛的青年作家群中，他觉得他的年龄是偏大的，适值文艺复兴时期，自己不抓紧不行。在乡村工作整整二十年了，必须安静下来，细细回嚼乡村生活的体验，反刍积累的素材，争取多出作品。要认真读一些书，进一步开阔艺术视野，调整艺术思维，争取更上一个境界。要躲开热闹，也要躲开文坛的是是非非，保持思考必需的沉静心境，以把精力和用心都专注于对问题的思考和艺术的探索上。

　　成为专业作家的最初一年，陈忠实自己的户口进城了，但妻子儿女的户口还在农村乡里，他除了写作，还要作务庄稼。农业生产队实行了大包干责任制以后，分给陈家五六亩地，其中一半是原坡地。陈忠实的母亲和妻子有病，儿女还小，作务庄稼全靠陈忠实干。家里没有成年男

劳力，养不起牛，耕作是相当困难的。1982年的10月，陈忠实就是自己在地里拉犁，播完了小麦。1983年5月，根据"专业技术干部的农村家属迁往城镇"的相关政策，陈忠实的妻子和子女一共四人的户口由灞桥农村迁到了西安市，生活好转了一些。

陈忠实依然住在农村。他的生活与普通农民没有什么不同，唯一不同的，是他与农民作务的工作不同，农民是种地，他是写作和读书。

1985年4月下旬，作协陕西分会三届二次理事会（扩大）在咸阳召开。在这次会上，陈忠实被增补为副主席。同时增补为副主席的，还有路遥、贾平凹和杨韦昕。陈忠实的行政级别成为副厅级，工资达到158元，这使他一直过得很紧的生活一下子宽松了很多。这一年的夏天，作协陕西分会发扬作家挂职深入生活的传统，安排一批新时期出现的青年作家到农村和工厂去任职，陈忠实不想离开自己的生活基地，被任命为中共灞桥区委副书记。

不论挂职不挂职，陈忠实其实都住在老家的村子里。在乡党眼里，陈忠实就是村子里的一员，只是工作特殊一些。大家种地，他是"作家"，坐在家里的凉房底下耍笔杆子就能挣钱，干的是一个省力的好事。至于陈忠实当副主席还是当副书记，还是当着副主席又兼着副书记，他们觉得和自己的关系不大，也不关心。乡村社会是一个小的自足社会，遇事乡党都要互相帮忙。乡党要办事，凡是想到陈忠实能办的，也不管他是在读书还是正在构思或者写作，就径直进门找他说事。先是在破旧的厦屋，后来是在新建房子的写作间里，不管陈忠实是忙着读书思考还是弄他的"枕头工程"《白鹿原》，突然会有一位乡党走进来，眉眼里洋溢着不加掩饰的喜悦，以不容置疑也不许推辞的口气说："明日给咱那个

1985年元月，部分作家在京西宾馆合影。前排左起：周明、黄悌。后排左起：贾平凹、王生义、邹志安、曹谷溪、陈忠实、王德芳、京夫

大货（大儿子）办事哩，今黑请执事，你今黑就得去。"作为乡党的陈忠实，不容许说半个"不"字，必得立刻应诺，还要表现出积极的情绪。乡党再叮咛一句"你还干你那一摊子事"，就又喜滋滋地忙着邀请别的执事去了。顷刻之间，陈忠实脑子中的有关文学的形象或思绪，统统消失，他当即要做的最切实的事，是给一家为儿子娶媳妇的乡党去做帮忙的执事，"那一摊子事"就是去做账房先生。

乡俗，村人红白喜事所请的账房先生一般要由村里最有文才、会计算而且正派公道的人充任。陈忠实做这个账房先生，从一个侧面说明了村人对他的认可。结婚喜事，他先一天下午要写好对联，并贴好。按讲究，一般需给临街大门、院子正屋和新房贴上三副对联，内容各有区别。大门对联是向全村人宣示这户人家的某个小子结婚的喜事，正屋的对联一般是农家院主人胸怀和姿态的表白，新房对联则是对两个新人未来美满婚姻的祝福。再一个任务是协助总管安排好执事分工，总管一般由村子的书记或村主任担任，喜事需要的挑水的、洗菜的、端饭的、烧酒的、

∧ 1988年夏，太白山，陕西长篇小说创作研讨会。右起：陈忠实、王宝成、京夫、李若冰、汪炎、李星、高尔纯、阎文俊、邢小利、韩鲁华

洗碗的等活路，都要落实到人，然后由账房先生写到红纸上贴到院子最显眼的墙壁上，各司其职，哪一个环节出现漏洞，就可以找到具体的人。除此之外，先一天晚上，乡党好友接二连三向主家送礼祝贺，或一段布料，或一床被面，或不等数量的现金，他都要一一登记，再用红纸书写了张贴到主屋正面墙上，这个工作需要持续到深夜，直至再无送礼者上门。最忙活的时段，是结婚这一天的上午，各路亲戚来参加婚礼，送来的既有传统的各色花馍，又有绸缎被面、布料和现金，偶尔还有城里人时兴的花篮，他一件一件登记，再用红纸写了贴在墙上。账房先生经管的最复杂的事，是对烟酒糖果的支配，虽然喜事不能扫了乡亲的兴，不能伤了朋友的面，但为主家特别是家境不太宽裕的主家着想，这些东西都要合适地控制发放，以免支应不到终场。陈忠实洞明世事，人情练达，处理这种事原则中又有灵活，善于应对，主家满意，乡亲也都高兴。

埋葬老人的白事要复杂一些。这种复杂，一是要以对联的形式对逝者进行概括评价。从逝者咽气倒头直到下葬完毕，短则三天，隆重一些的要持续五天或七天。陈忠实还是账房先生，他要以对联的形式，把逝去老人一生的功德与性情概括在一副对联里，用白纸写了，张贴到大门门楼两边的门柱上，予以彰显。这样的对联往往能赢得乡村那些识字人的赞赏。他们看了以后往往赞叹说，逝者能得到陈忠实所写对联的表彰，死亦瞑目。陈忠实每每听到村人这样的赞叹与言说，甚感欣慰，认为自己的一篇小说得到了好评也无非就是这样的感觉。常常，陈忠实正当着他的账房先生，就有老头走进他的账房，接过陈忠实递给他的一支烟，一边感慨地评说陈忠实所写的总括逝者一生的对联如何之好，一边半开玩笑半认真地说，到爷（或叔）闭眼的时候，你给爷（或叔）也写上一副，爷（或叔）一辈子受的苦就算没白受。陈忠实在感动的同时也深深地意识到，语言和文字的力量确实是很大的，即使一个最普通的农民老人，也想要在告别这个世界时获得一种客观的评价。复杂之二是，白事期间，主家多年因诸种原因甚至琐事累积的矛盾往往在老人去世后爆发出来，有的还发生打骂。陈忠实就得参与调解矛盾，以便逝者能如期入土为安。

若有乡党建房，陈忠实也被请去当账房先生。盖房对于农民来说，是一件大事。中国农村，在20世纪的50年代到80年代前期，建房的人家还是很少的，很多人住的还都是旧时期祖上盖的房。1980年代中期至1990年代初，只有六七十户人家的西蒋村迎来了建盖新房最红火的时期。以前的房屋，好的是青砖青瓦房，次一点的是土坯墙青瓦房，最穷的是土坯墙茅草房，这个时期兴起的新房，一是红砖红瓦砖木结构房屋，一是红砖立墙水泥板盖顶的平房。农村盖房，破土动工和上大梁（或吊装水泥楼板）是两个重要日子，主家一般都要庆祝。陈忠实自然又受邀成为账房先生，"管那一摊子事"。

除此之外，乡亲们偶尔遇到一些急事，想着他有着"官家"的身份，

△ 1986年春，西蒋村，陈忠实正在拆旧房建新房。左起：蒙万夫、张月赓、陈忠实

外边关系广，人熟些，能帮忙，也会找他。谁家酒酿好了，猪养肥了，要给儿子结婚，不料却因这因那领不来结婚证，要他去给乡政府领导说情，或者是女方家里又提出来了不能接受的物质要求而陷入僵局，要他去给女方家长做调解工作，诸如此类，陈忠实都不推却。他也能自然地适应生活赋予他的若干反差颇大的角色。刚给一个女方家做了调解，又回到作家协会参加文学作品研讨会，同作家朋友交流创作体会，议论某个新的艺术流派，他既能适应也更有对比之后的新鲜感。

1986年春天，陈忠实自己建房，满村的乡党儿乎都来帮忙了。陈忠实一方面还做"管那一摊子事"的账房先生；另一方面，在活路紧张、人手短缺的时候，也当一个劳力，或抬木头或搬砖瓦。西蒋村老家新房建成，他为自己辟出了一间书房，有十多平方米。新房建设时，他还在屋后廊沿两边的石子墙上，以深色石子各画了一幅画，一边是山，一边是水和海燕，算是山水画吧，镶在墙上。这是陈忠实平生第一次也是唯一一次作画。

在区上挂职期间，他除了每周一次要参加的区委常委会之外，其他

1986年，西蒋村，建新房时陈忠实（左一）与村里的匠人合影

诸种社会角色，一年也就是一二十回，不算什么负担。但是到了1988年春节过后，构思完成的长篇小说《白鹿原》即将动笔，他请求终止了中共灞桥区委副书记的挂职。其他的文学活动该参加的还得参加，账房先生的角色是不能免除的，陈忠实也乐于继任其职。

老屋建新房，墙上画的水和海燕

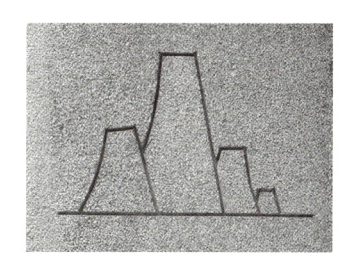

删繁就简三秋树。蛰居乡间，陈忠实自觉心境踏实而且单一，心思只集中在写作上，几乎没有别的什么欲望。尤其是在《白鹿原》的构思完成开始草拟以后，他更是觉得，他对这个世界几乎再无任何个人的欲望了。

老屋建新房，墙上画的山

事后回顾，从1982年到1992年，陈忠实认为这是他写作生涯中最好的十年。四季流转，心情恬静，偶尔忙一下，帮乡邻当一下账房先生，

∧ 2011年，陈忠实（左二）在祖居老屋与乡党喝茶聊天

更多的时候他自己独处一室，面对笔下纷繁的人物世界和文学世界，上天入地，闪转腾挪，另有一个世界，别有一个宇宙。

生活则是闲散的，从容不迫的。气定神闲，写作起来更易心神投入。

冬来了，忽然一夜大雪，漫天皆白。陈忠实起床之后，顾不得洗脸，先掂起长柄竹条扫帚扫雪。扫了院子，再扫大门外的道路。出门听到的第一句话，是邻家扫雪的人不由自主地赞叹："好雪！"雪于麦子的生长太好了。扫了雪，回到小书房，赶紧捅开火炉烧开水。洗罢脸，水开了，沏上新茶，喝上一口，身热神爽。面对窗外白鹿原北坡上覆盖的耀眼的白雪，创作的激情便潮溢起来，他铺开稿纸，开始写作。

春天的一个早晨，打开窗户，忽然看到院子里自己手植的那株梨树花儿开了，心不由得一阵悸动。跑到树下，点一支烟，久久不肯离去。这是他栽的梨树苗儿，不经意间已然长大，春来第一次开花，不过十来串，却粉白娇丽，点缀在枝杈绿叶之间，竟是世界上最让他动心的花朵了。这以后就有了牵挂，梨树成为每天必赏的风景。眼看着一个个弹球大的小梨一天天长大，然后变成拳头大的青梨，再由青梨变成灿灿的黄

辛卯除夕，陈忠实（中）在祖居老屋前放鞭炮

梨，认识到生命的成长是怎样的一个过程。

三伏酷暑是一年里最难熬的季节。在乡下，不单空调是一个陌生的机械，电扇也是一种奢侈装备，趁着前半天凉快，陈忠实抓紧写作，午后便无法捉笔了。天太热时，他给桌下放一盆凉水泡脚降温。有时这个办法也不行，手心手背手腕上尽是汗水，弄湿了稿纸，无法写字，便只好等待次日早晨再写。这个时节，每当傍晚日落时分，他就到门前的灞河里先洗个痛快，再走上村背后的白鹿原北坡，择一处迎风地坎坐下，点一支烟。这里，顺坡而下的微风不时拂过，蚂蚱在整个坡地里此起彼伏地大声歌唱着、呼应着，间或有一两声狐鸣，仿佛一种变奏，偶尔还会看到一团鬼火忽起忽落飘移游走，像是逐声而去。陈忠实抽着烟，静静地沉浸在这野风和天籁之中。

1991年春天的一个早晨，中央人民广播电台在早间新闻联播中公布了第三届"茅盾文学奖"的评选结果，路遥的《平凡的世界》名列榜首。这天上午，陈忠实从乡下风尘仆仆赶到西安市北大街，参加陕西人民出版社召开的一个文学创作座谈会。由于路远，他晚到了一会，坐在会议提前安排好的位子上，就在路遥旁边。身旁的路遥正在发言，路遥那边是评论家李星。李星见他来了，从路遥背后侧过身子将早晨刚听到的路遥获奖消息告诉他。陈忠实早上走得急，没有听广播，听到这个消息，他说："这是大好事。"他想等路遥发言完毕即表示祝贺，李星又从路遥背后侧过身来，问他："你的长篇写完了吗？"他回答："还没有。"李星说："几年了，你躲在乡下都干了些啥，咋还没有完？"他说："不急。"停了一会儿，路遥还在发言，李星又招手让他俯过头去说："今年再拿不出来，你就从这七楼跳下去。"陈忠实没有说什么。直到1993年，《白鹿原》火了之后，陈忠实才几次旧话重提："李星让我从出版社七楼跳下去，心急我了解，但我是不以为然的。自己还不满意的作品，匆忙拿出来又有什么意思？只能是又多了个印刷垃圾。"

陈忠实当了专业作家蛰居乡间写作的十年之中，最初是一家六口都住在农村。他的妻子和子女户口迁往西安之后，陈忠实和妻子基本住在农村。后来，老母亲陪着陈忠实的大女儿陈黎力在城里读书，二女儿和小儿子在中学寄宿读书。1991年深冬，在西安城里陪陈黎力读书的老母亲双腿因老年性病变，行走不便，无法支应买菜做饭的家务，妻子王翠英就进城代替老母亲，原下的小院便只剩下陈忠实一个人。陈忠实依然投入地写他的《白鹿原》，生活自己料理，自己打火做饭，洗锅刷碗。为图方便，王翠英走的时候给他擀下并切好一大堆面条，陈忠实吃饭时只需把面条下到锅里煮熟就行了；还留下不少的馍，饿了在火炉上把馍烤得焦黄，陈忠实感觉味美无比。得着空闲，王翠英还回来给他送馍，同时再擀些面条。王翠英如果太忙，陈忠实便赶到城里家中，再背馍回原下。陈忠实感慨，自己与背馍结下了不解之缘，少年时为读书从乡下把

∧ 新世纪初，陈忠实（右）与夫人王翠英（左）在老屋门前

馍往城里背,中年时为写作又把馍由城里往乡下背。

1991年农历腊月,王翠英最后一次回原下给陈忠实送面条和蒸馍。临走,送妻子出小院时,陈忠实说:"你不用再送了,这些面条和馍吃完,就写完了。"王翠英突然停住脚,问:"要是发表不了咋办?"陈忠实没有任何迟疑,仿佛考虑已久地说:"我就去养鸡。"王翠英没有再说话,转身出门,进城去了。

陈忠实给妻子说的长篇小说如果发表不了他就养鸡,不是一句随便说的话,还真是他的一种深思熟虑。《白鹿原》已经写了四年,到了这一年的冬天,已经接近完成,胜利在望了。但是,有一个问题,陈忠实不能不认真考虑,那就是出版的可能性。用他的话说,他很清楚,他"弄下了一个什么",在当时的文学环境里,能不能出版真是一个谁也说不准的问题。陈忠实就得从最坏处着想。他暗自决定,假若不能出版,不管是因为作品本身不够出版水准,还是因为出版政策的原因,他都不会继续过以写作为专业的生活了。四年期间没有稿费收入,生活很艰难。有一年,三个孩子相继上高中、上大学,暑假拿不出他们的学费。一位朋友听说后送来了2000块钱,这个朋友曾经跟他在乡下一块搞过文学,后来搞乡办企业赚了钱。陈忠实当时感觉,农民企业家真是厉害,2000块钱就给你摔在桌子上了。专业作家已经当了整整十年,已经摸上50岁了,年过半百,就算老人了,写出的长篇小说出版不了,一个专业作家就得考虑自我调整。靠写作过不上像样的日子,那就以养鸡为专业或者说主业,而把写作只当一种爱好。

人都有思退路的时候。退路已经想好,陈忠实的心态反而更为沉静了。

15 / 『剥离』与『寻找』

告别是精神和心灵的剥离。

完成一次剥离就完成了一次弃旧图新的过程。剥离是旧的心理秩序被打乱、新的心理秩序重新构建的过程。人的心理秩序决定人的精神世界,而人的价值观、道德观又网织着心理秩序;新的观念首先冲击的是旧的观念,也就冲击扰乱旧的心理秩序,重构新的精神世界。这个过程恰如剥离,完成一次就轻松一次,就新生一回,就跃上一个新的心灵境地。

——陈忠实《千年的告别》

△ 2004年，陈忠实在南宫山中，云烟深处

从一个工作之余的文学爱好者，变为体制内专业的作家，是一种幸运，同时，也带来了压力。明白人都知道，在文学创作上，身份的变化并不能说明什么问题，说明问题的是你的创作质量和作品达到的艺术高度。从爱好文学，到写出了一些有影响的作品，包括引起一些批评的作品，陈忠实对于文学的理解渐趋深化。他明白，他自身需要一个蜕变，一个文化心理上的和艺术境界上的深刻蜕变。

这个蜕变是自觉的，但需要一个过程，一个生命的和精神的演化和蜕变的过程。这个过程用陈忠实自己的话语来说，就是"剥离"与"寻找"。

"剥离"与"寻找"是陈忠实后期创作特别是《白鹿原》创作必要的艺术创造心理过程，没有这个"剥离"与"寻找"，就没有后来的作家陈忠实，当然也就没有《白鹿原》。仔细考辨这个"剥离"与"寻找"，我们会发现，这其实是一个问题的两面，亦即没有"剥离"，就没有"寻找"，或者说，没有洗心革面、脱胎换骨的"剥离"，就没有真正意义上

"剥离"与"寻找"

△ 2004年，陕西安康岚皋县，陈忠实（左二）在山中与老农交谈

的"寻找"；而要"寻找"——寻找到陈忠实借用海明威的话来表述的"属于自己的句子"，就必然要经历这个"剥离"过程，"剥离"是"寻找"的必要前提，或者说是"因"，"剥离"与"寻找"之间有着一定的因果关系。因之，陈忠实的"寻找"过程，同时也是一个"剥离"过程；"剥离"的过程，同时也是一个"寻找"的过程。

1985年11月，陈忠实写成了80 000字的中篇小说《蓝袍先生》。这部小说与他此前创作的小说的区别是，他一直紧盯乡村现实生活变化的眼睛转移到1949年以前的原上乡村，由关注新的农业政策和乡村体制在农民世界引发的变化，转移到关注人的心理和人的命运的思考，他认为，这是他思想上的一次突破和创作上的一个进步。关键是，他在创作过程中解析蓝袍先生的精神历程并揭示其人生轨迹时，也在解析自己：他以蓝袍先生为参照，透视自己的精神禁锢和心灵感受的盲点和误区，为的是"打开自己"，进行自己的"精神剥离"。

"精神剥离"是一个心理过程，也是一个思想过程，它需要冷静的理

∧ 1990 年代中期，陈忠实在写作

性思考。陈忠实说他的"剥离"概念得之于植物种子的"分离"概念。他讲，在当时"思想解放"的时代大背景下，他作为一个决心以文学为此后立身和事业的作家，不期然而然和必然而然地发生了"精神和心理剥离"。他所谓的"剥离"，就是他面对现实生活发生的某些事象或变革，面对一些新的思潮和新的观念的兴起，受到一种精神的触动或心灵的震动，特别是现实生活发生的某些事象或变革以及一些新的思潮和新的观念，同自己原来的"本本"即固有观念和意识发生了"冲突""冲撞"，他就静下心来进行必要的"回嚼"或"反思"，对新事物和新观念更多地以比较的方式进行审视，辨析判断，择其优劣，同时伴之以或艰难或痛苦的感情变化历程，最后完成思想观念的转变、精神上的新生和心灵上的回春。

他的这种"剥离"意识始于 1980 年代初。从 1982 年春节因现实生活触动开始，而后则贯穿整个 80 年代，"这种精神和心理的剥离几乎没有间歇过"。当胡耀邦总书记在中央会议上号召党的各级领导带头脱下中山装换上西装，他看着电视荧屏上胡耀邦着西装打领带的形象，脑海里

△ 20世纪90年代初，在西安建国路雍村饭店。右起：邢小利、陈忠实、方英文

浮现出毛泽东等第一代领导人一律着中山装的形象，意识到这不仅仅只是换一身装束的问题。灞桥古镇上，逢集时那些牵牛拉羊挑担推车卖货买货的男女农民中，突然出现三四个穿喇叭裤、披长发的男孩女孩，他们旁若无人地在人群中晃悠，引发整条街的行人驻足观赏，惊呼为怪物。无主题、无情节、无人物，甚至无标点的小说和朦胧诗在文坛引发的激烈争议，则使陈忠实将其与灞桥镇上第一次出现喇叭裤时乡民的惊诧联系起来。他被朋友引去看摇摆舞，第一次看见屁股绷紧胸部更为绷紧的妙龄女子疯狂地扭摆肢体的时候，他发胀的脑子里忽然浮现出"文革"中跳"忠字舞"的场面；而看到县长给全县第一个"万元户"披红戴花的电视画面时，他则又一次想到吃着自带干粮为农业社换稻种的梁生宝，想到梁生宝的生活原型王家斌，也想到柳青；当城市和乡村刚刚冒出一批富裕户，引起"造导弹的（收入）不如卖茶叶蛋的"惊呼，以及文坛上关于"文人要不要下海"的争论；如此等等。这些生活事象触动着他，引发他持续的思考。"这些接踵而来撞人耳眼的事，在我都发生着'剥离'的过程，首先冲击的是我意念里原有的那些'本本'，审视，

∧ 2011年，白鹿原畔，陈忠实（左）与诗人舒婷（右）

判断，肯定与否定，淘汰与选择，剥离就不是轻易一句话了，常常牵动感情。以上不过是随意列举80年代发生的生活事象，我既不能看了听了权作不见不闻，甚至没有一件会轻易放过，曾经怀疑自己心胸是否太窄，有些毫不关涉自己的事又何必较真；又怀疑自己是不是因为既有的'本本'影响太深，剥离就显得太艰难，甚至痛苦。"改期开放初期各种新生的社会事象和生活变革都给陈忠实心理、情感和思想以巨大而深刻的冲击，可谓"触目惊心"，并让人不得不思考。这种思考并且由此及彼，由现实生活事象进入历史的深层和思想的深层，"还有比这些生活事象更复杂也更严峻的课题，譬如怎样理解集体化三十年的中国乡村，譬如如何理解1949年新中国之前的中国乡村，涉及思想、文化、革命、传统与现代，社会主义和资本主义，等等"。这个"剥离"也真如同陈忠实自己所说是"一种剥刮腐肉的手术"，"剥离这些大的命题上我原有的'本本'，注入新的更富活力的新理念，在我更艰难更痛苦"。（陈忠实：《寻找属于自己的句子》，上海文艺出版社2009年版，第102、103页）这个不断"剥离"的过程，是作家面对新的时代而发生的思想观念的改变和更新，

∧ 2010年，白鹿原上，陈忠实学老腔艺人表演

∧ 1999年，陈忠实在贵州黄果树瀑布前

通俗地说，就是"思想上的转弯"。当然，比单纯的思想观念发生改变和更新更为深刻和复杂的是，这种"思想上的转弯"连带着感情的转弯。思想上通了，感情上未必通，感情上的转弯和通过需要有一个过程。

尽管陈忠实一再说这个过程很"痛苦"，但还必须"剥离"，何以如此？因为陈忠实明确意识到"剥离"与创作的进步有着密切的关系，"剥离的实质性意义，在于更新思想，思想决定着对生活的独特理解，思想力度制约着开掘生活素材的深度，也决定着感受生活的敏感度和体验的层次"，"是上世纪八十年代不断发生的精神和心理的剥离，使我的创作发展到《白鹿原》的萌发和完成"。（陈忠实：《寻找属于自己的句子》，上海文艺出版社2009年版，第103页）陈忠实明白，如果没有这个"剥离"或这个"剥离"不够彻底，对他能否成为一个真正的作家和成功的作家关系巨大并且深远。对此，他有着清醒的意识。他说，这种"精神和心理剥离""既涉及现实和历史，也涉及政治和道德，更涉及文学和艺术"。"我此时甚至稍前对自己做过切实的也是基本的审视和定位，像我

∧ 1999年，陈忠实在新疆农贸市场

这样年龄档的人，精神和意识里业已形成了原有的'本本'的影响，面对八十年代初生活发生的裂变，与原有的'本本'发生冲撞就无法逃避。我有甚为充分的心理准备，还有一种更为严峻的心理预感，这是决定我后半生生命质量的一个关键过程。我已经确定把文学创作当作事业来干，我的生命质量在于文学创作；如果不能完成对原有的'本本'的剥离，我的文学创作肯定找不到出路。"（陈忠实：《寻找属于自己的句子》，上海文艺出版社 2009 年版，第 104 页）"剥离"的过程也是一个"拷问"自己的过程，这真是精神和心灵所经历的一次"炼狱"之路。这个"剥离"过程，其实我们还可以用西方宗教上的一个词语来表述和理解，这就是需要经过"炼狱"的洗礼。"炼狱"一词有精炼之意，在西方教会的传统中，"炼狱"是指人死后的精炼的过程，是将人身上的罪污加以净化，是一种人经过死亡而达到圆满的境界——天堂过程中被净炼的体验。当然，这里所说的经过"炼狱"的洗礼，是指作家的精神和心灵，而非肉身。从某种意义上说，"剥离"就是精神上的死而复生，心灵上的枯木

∧ 2012年，陈忠实（左）与诗人雷抒雁（右）

逢春。

　　陈忠实第一次产生"剥离"意识是1982年。这一年早春，陈忠实到渭河边的一个人民公社协助并督促落实中共中央1982年一号文件，这个文件的精神用一句话概括"就是分田到户"（包产到户）。有一天深夜，他一个人骑着自行车从一个村子往驻地赶，突然想起了他所崇拜的柳青，想起了记不清读过多少遍的《创业史》。一想之下，忽然惊诧得差点从自行车上跌下来。一个巨大的疑问号和惊叹号横在他的心里：你在干什么？你如今在渭河边的乡村里早出晚归所做的事，正好和三十年前柳青在终南山下长安乡村所做的事构成一个反动！这是怎么回事？为什么会这样？他思考着，追问着，一时想不清晰，就索性推着自行车在田间土路上一边行走，一边任思绪漫卷。

　　陈忠实长期生活和工作在农村，对于农村的思想认识，特别是对农村社会发展的认识，主要有两个来源：一个是当时的观念教育特别是党的各项农村政策和文件；一个是从少年时起就喜欢阅读并被潜移默化影响的赵树理、柳青以及李准等人的文学作品，后者可能来得更为具体而深刻一些。从合作化到人民公社化，这是农村走向繁荣富裕的康庄大道和必由之路；单干，私有，这是资本主义的落后的东西。陈忠实这种思想认识包括情感认知，既得之于当时的观念教育，更得之于赵树理、柳青和李准有关小说作品的教育。陈忠实喜欢上文学，就是因为读了他们的作品受到了感动，才决心走上文学之路的。而他后来这二十年的农村基层工作，主要的就是为人民公社体制服务。现在，时代变迁，人民公社消亡了，这对他来说，确实是一件意想不到的大事变，而要思想特别是感情转过弯来，一时还不是那么容易。直到第二年，看到分给自家的地里打下来那么多的麦子，他心中一些困惑了很久的疙瘩才有所解开。这个"剥离"的过程生动而具体，也很说明问题。观念的转变不是说变就变的，它需要反思，也需要时间。关键是，由于对这个巨大事变事先既缺乏思想准备，事后思想和情感又一时未能转过弯，陈忠实显然对自己思想的某些"迟钝"或者说是"滞后"有所警觉。他坦然承认，他的"剥离"性反思都是在现实生活的触动下而发生的，而且"几乎都是被动的"。（陈忠实：《寻找属于自己的句子》，上海文艺出版社2009年版，第104页）这说明，对于生活和历史，他并不是一个先知先觉者，他甚至还深切地感到了自己"思想的软弱和轻"。细味"思想的软弱和轻"这个形象化的表述，其实就是指思想对现实缺乏穿透性，对历史缺乏前瞻性。而这对于一个必须具有思想者素质的作家来说，特别是对于一个仍然要坚持现实主义创作方法的作家来说，显然是一个致命的软肋。反映历史，穿透现实，走向未来，是现实主义文学作品的基本要求。经过反省，他深刻地意识到，自己从精神到心灵都很有必要经历一个自觉的"剥离"过程。是的，是"自觉"。犹如蚕蛹之蜕变为飞蛾，不经历这个过程，不能完成这个过程，只能仍是一条爬虫，长不出翅膀，也就飞腾不起来。

陈忠实当年同时具有三个社会角色：农民、农村基层干部、作家——业余作者。陈忠实说他当年时常陷于三种角色的"纠缠"中。分田到户后，他有疑虑，直到亲眼看到自家地里打下了那么多意想不到的麦子，这一夜他睡在打麦场上，却睡不着了，听着乡亲们面对丰收喜悦的说笑声，"我已经忘记或者说不再纠缠自己是干部，是作家，还是一个农民的角色了"。（陈忠实：《寻找属于自己的句子》，上海文艺出版社2009年版，第99页）三种角色对生活的态度和看取生活的视角不同：农民，是生活者；农村基层干部，是党的政策的执行者；作家——业余作者，则要对生活进行冷静地观察和深入地思考，更要有思想的穿透性和前瞻性。不必讳言，在1980年代初以前的陈忠实，他的作家的思想者素质还相当薄弱。正因为如此，他后来才对作家的思想者素质极其看重。从陈忠实自述的在80年代引起他产生"剥离"意识的生活现象，诸如穿西服着喇叭裤等事象看，陈忠实当年要"剥离"的，第一是狭隘的农民的精神视野，或者说，不能仅仅以一种传统的农业文明的意识看取生活，一个现代作家同时还要具备一定的都市视角和现代文明意识。第二要"剥离"的是政策执行者角色，最后还自己一个作家的角色。政策执行者角色，从某种意义上说，是一个"君要臣死，臣不得不死"的角色，这是被动的和被支配的，容不得有自己的个性特别是有自己的思考。第三，要"剥离"非文学的和伪文学的"文学观念"。第四，还要"剥离"如同他已经意识到的比生活事象"更复杂也更严峻的课题"，诸如"思想，文化，革命，传统与现代，社会主义和资本主义，等等"。在这些问题上，几十年来因袭下来的观念，可谓根深蒂固，"剥离"起来既复杂严峻，也不是说"剥离"就能"剥离"净尽的。无论如何,应该说陈忠实还是比较早地意识到了"剥离"这个问题,而且是"自觉"的,"自觉"到了它的必要性和重要性,这是非常重要的,也是非常了不起的。因为从某种意义上说,所谓"剥离"就是自己"否定"自己,"觉今是而昨非",这对很多人特别是作家来说,是非常难的。

一般的作家似乎只有"寻找"的过程,而没有也不需要经历这个"剥离"过程。陈忠实为什么要"剥离"?从背景和经历看,陈忠实之走上文学道路,先是因为课余、业余爱好,后是因为当时政治的需要,有关文艺机构扶持工农兵业余作者,陈忠实受当时文学实践和文学思潮的影响,早期的创作,大体上是沿着"讲话"的方向和"政策"的指导往前走的。这种创作,在当时的陈忠实自己看来,也是因为喜爱文学而过的一把"文字瘾"。他从模仿自己喜爱的作家到自觉与不自觉的成为政策的传声筒,要一变而为具有独立思想、独立艺术个性的作家,不经过"剥离"就不能脱胎换骨。"剥离"是精神和心理上的"洗心革面"和"脱胎换骨",具体说,是一种思想上的"脱胎换骨",也是某种程度上的情感上的"洗心革面"。陈忠实说,"我相信我对乡村生活的熟悉和储存的故事,起码不差柳青多少。我以为差别是在对乡村社会生活的理解和开掘的深度上,还有艺术表述的能力"。(陈忠实:《寻找属于自己的句子》,上海文艺出版社2009年版,第9页)"艺术表述的能力"与文学禀赋和艺术经验的积累有关,而"对乡村社会生活的理解和开掘的深度"则无疑与作家的思想素质和思想能力有关。而这思想素质和思想能力的培育,对陈忠实个人来说,就非得经历"剥离"这个"脱胎换骨"的过程不可。陈忠实反思,他从1973年到1976年的4年里写了4篇小说,这几篇小说都演绎阶级斗争，却也有较为浓厚和生动的乡村生活气息，当时颇得好评，短篇小说处女作《接班以后》还被改编为电影，但是随着时间的推移，这几篇小说致命的问题就暴露出来了，不用别人评价，陈忠实自己都看得很清楚，问题在思想，那是别人的时代的思想，而不是自己的思想，自己只不过做了一回别人思想的传声筒。

　　站在历史的角度看，1970年代末到1980年代初，确实是一个历史发生大转折的时代。在这个代际转换的重要时刻，从过去时代一路走过来的作家，精神和心理上"剥离"与不"剥离"，对其后来创作格局与发展的作用，效果还真是不一样的。有的老作家，在1950年代，写过一些引起广泛影响当时也颇获好评的歌颂合作化、人民公社化的文学作品，到了1980年代，面对时移世变，思想认识和感情态度基本上还停留在当时的基点上，而且对新的东西一时还不习惯，接受不了，对现实失语，也就对历史和未来失语，就很难再进行新的创作，只好写一写艺术技巧谈之类的文章。这说明，不是任谁都能"剥离"的，也不是任谁都愿意"剥离"的，更不是任谁都有这个必须"剥离"的思想自觉的。当然，"剥离"不"剥离"，完全是作家个人的一种自觉和自愿选择，绝对不是一条所有作家都必须要走的必由之路。笔者和陈忠实闲谈得知，陈忠实对于有的作家在新时代面前，不能适应和无法适应，思想和创作陷入进退两难，看得很清楚，他以这些作家为镜，反思，自审，再一次确认自己的"剥离"很有必要。

　　"剥离"也不完全是放弃、扔掉，有的则是坚持中有所更新，类似哲学上的一个概念"扬弃"。比如对待现实主义创作方法。1984年，陈忠实参加中国作协在河北涿县（现涿州市）召开的"全国农村题材创作座谈会",会上关于现实主义和现代派的讨论和争论就对他极有启示,现实主义创作方法可以坚持,但现实主义必须丰富和更新,要寻找到包容量更大也更鲜活的现实主义。这之后,陈忠实开始自觉地反思自己的现实主义写作历程。他想到了柳青和王汶石,这两位陕西作家,既是他的文学前辈,也是当年写农村题材获得全国声誉而且影响甚大的两位作家,陈忠实视二人为自己创作上的老师。但是到了1984年,当他自觉地回顾包括检讨以往写作的时候,首先想到的就是必须摆脱柳青和王汶石的影响。但他又接着说,"但有一点我还舍弃不了,这就是柳青以'人物角度'去写作人物的方法"。(陈忠实:《寻找属于自己的句子》,上海文艺出版社2009年版,第44页)

对陈忠实来说,"剥离"之后的"寻找",主要的就是重新寻求意义世界,包括艺术的意义世界。旧的精神世界被逐渐"剥离"了,必然需要新的意义世界来"丰富"。"寻找属于自己的句子",既是寻找属于自己的艺术表现方式,更是寻找属于自己的意义世界。小说,特别是长篇小说,最重要的还是写人。陈忠实在小说艺术上寻找的结果,最终问题的归结点,还是集中在人物描写上。新文学从1942年即从毛泽东发表《在延安文艺座谈会上的讲话》以后,文学作品写人物,主要是把人物简单地按阶级划分,表现在小说作品中,人物主要就是两大类,一是剥削者、压迫者,一是被剥削者和被压迫者,然后就是按"剥削压迫,反抗斗争"的模式结构情节,设计人物冲突。陈忠实在"寻找"之后认识到,写人,要从多重角度探索人物真实而丰富的心灵历程,要避免重蹈单一的"剥削压迫,反抗斗争"的老路,要从过去的主要刻画人物性格变换为着重描写"人的文化心理",从写"典型性格"转变为写人物的"文化心理结

∧ 2011年的陈忠实。尚洪涛摄

构"。性格不是不要写了，典型性格也不是不要写了，还是要写的，但已不是自己创作的着眼点。过去的小说是以塑造性格为目的，他现在要以挖掘和表现人物的文化心理为鹄的，在挖掘和表现人物的文化心理的同时塑造人物性格，自己要写出的是人物的文化心理性格，这样，才能写出真实、完整而且丰富的人。

16 / 《人生》的「打击」与《康家小院》的「新生」

> 没有一定的自卑就不会有自省，更不会有刻骨铭心的自我批判，因而就很难找准自己新的创造目标和新的创造的起点。自卑未必不好，只是不要一味地自卑；自信是所有创造理想的前提性心理准备，然而自信也必须是经由反省之后重新树立的新的蜕变之后的自信。
>
> ——陈忠实《五十开始》

∨ 2010年9月,在白鹿原看华阴老腔剧组在田野里表演。邢小利摄

　　作家、文人是以其个性立足的。有些作家或文人,尽管可能同属于一个时代、一方地域,但是细察他们的作品,还是大有分别的。但是,在一定的因缘下,有些作家或文人,也还喜欢抱团,或者结为团体。古代的文人,基本上是以志趣抱团,比如"竹林七贤",他们性格各异,但在一个时段里志趣相投,这就是都崇个性,好山林。民国时期,是自由办报办刊,那些被称为现代的作家或文人,多以社会思想、文学主张相近而结为团体,办报办刊,互相鼓吹,与世争锋,如"文学研究会"诸君,"创造社"诸人。"文学研究会"的宗旨是研究介绍世界文学,整理中国旧文学,创造新文学。沈雁冰在《关于文学研究会》中倡明了他们的文学主张:"反对把文学作为消遣品,也反对把文学作为个人发泄牢骚的工具,主张文学为人生。"从"为人生"出发,他们主张"文学应该反

映社会的现象，表现并且讨论一些有关人生一般的问题"。这是主张"为人生"的文学。他们办有《小说月报》《文学旬刊》等，阵容强大，实力雄厚，文学影响也很大。"创造社"分为前期和后期，前期创造社崇尚天才，主张自我表现和个性解放，强调文学应该忠实于自己"内心的要求"，呈浪漫和唯美倾向。其后创造社主要成员大部分倾向革命或从事革命的实际工作，方向转换，所以后期的创造社与太阳社一起，大力倡导无产阶级革命文学。他们办有自己的刊物《创造周报》《创造日》《创造月刊》等，旗帜鲜明，立场明确。当代的作家也有团体，这种团体与历史上的所有团体有别，它不是以个人的趣味和志向结合在一起，而是在党的统一领导下被纳入一个党直接领导下的文学组织，比如作家协会。所以，这个作家协会内的各个作家，其个人性格、思想倾向和艺术趣味

都差异很大。在这样的体制内，各个作家，在总体上都是在一个大的规划内进行组织化的文学生产，比如在有限的时段内被要求拿出几部作品。而且组织上会指出或强调一个总的创作指导思想方向，视作品生产状况，组织发表或出版、讨论或宣传、评奖或颁奖等。如此进行的一系列的组织化行为，其目的还在于引导，为的是不出问题或不出大问题，从而保持文学思想上的相对统一性。这样的团体基本不问文学和艺术本身的问题，作家之间也缺少真正的文学交流和艺术对话。所以，关于文学和艺术本身的探索和思考，基本上都是作家个人的事。这样一种文学团体内

《人生》的"打击"与《康家小院》的"新生"

< 1990年代，陈忠实在榆林红碱淖

的作家关系，虽然被称为"同志"，但实质上是一种同行关系。

这种同行关系，借用陈忠实一篇文章的题目来概括，"互相拥挤，志在天空"，比较恰当。2001年8月，中国作协第二届鲁迅文学奖揭晓，陕西的两位作家叶广芩和红柯榜上有名，作为省作协主席的陈忠实，欣喜之余，写了一篇祝贺性的文章，题为《互相拥挤，志在天空》，在10月30日的《文艺报》刊发。一年以后，陈忠实在60岁生日之前，回答李国平的采访时，谈到他写此文时的一些内心感受，这个感受似乎就是直接为"互相拥挤，志在天空"这个说法作注的。陈忠实说："《白鹿原》离不开当时陕西文坛氛围的促进。我后来写过一篇文章叫《互相拥挤，志在天空》，说的就是当时的文学氛围。那时候我们那一茬作家有几十个，志趣相投，关系纯洁，互相激励，激发智慧，不甘落后，进行着积极意义上的竞争。可以说每一个人哪怕一步的成功，都离不开互相的激励。"（陈忠实：《关于四十五年的答问》，载《陕西日报》2002年7月31日）这里所说的"志趣相投"恐怕只是就共同爱好文学而言，非指艺术趣味，而"竞争"与"激励"两个词，实为核心概念，也应该看作是陈忠实数十年身处共和国文学团体之内，对同行关系的积极意义上的真切感受。共一个团体，比如在陕西作协，陈忠实和路遥互相之间的"竞争"与"激励"，与对方的人格与思想有关，更多的是与作品有关。陈忠实阅读同行特别是阅读同代作家的作品，用他的说法，对他的文学观念和文学创作具有某种"摧毁与新生"的作用。

1982年5月，中国作协西安分会在延安举行毛泽东《在延安文艺座

< 2000 年，陈忠实（左）与作家王蓬（右）在石门

谈会上的讲话》发表四十周年纪念活动，分会主席胡采率领七八个刚刚跃上新时期文坛的陕西青年作家赴会，陈忠实为其中之一。这一年，陈忠实已届不惑。这一次去延安，作为一个共产党员除了"寻根"之外，对作家陈忠实影响或者说是震动最大的，当是路遥《人生》发表这一件事。不过，陈忠实的"延安日记"中对此事没有记载。多年以后，他回忆了此事，谈起当时对自己的"震动"。

胡采主席带着赴会的包括陈忠实在内的几个青年作家，散居于陕西各地，平时难得相聚，如今一见，就在参观路上、吃饭桌上，抓紧时间交流。晚上，他们喜欢聚在某一个人的房间，谝着闲传，同时也交流创作信息，议论新发表的小说。这几个人中间，路遥谈得最多。有一天晚上，路遥说他的一个中篇小说《人生》将在《收获》杂志第 3 期发表，当月即 5 月份就会出来。路遥先向大家介绍了这部小说的梗概，又讲了《收获》责任编辑对这部中篇的高度评价。《收获》杂志是中国的名牌刊物，作为一个青年作家，能在上边发表一个中篇小说，而且编辑对其评价又是如此之高，确实是一件喜事，也是一件了不得的事。几位青年作家都是文学行内之人，一听路遥所述的小说故事梗概，便能感到其中的分量和某种文学突破的意义。陈忠实记住了《人生》，着急想看，但在延安没有找到。

纪念《讲话》的活动结束，陈忠实从延安一回到灞桥镇，当天就到

2000年，汉中，陈忠实在王蓬农家小院

文化馆，拿到馆里订阅的第3期《收获》。然后迫不及待地回到自己的房间，一屁股坐在椅子上一口气读完了这部十多万字的中篇小说《人生》。读完之后，陈忠实坐在椅子上，"是一种瘫软的感觉"，这种"瘫软的感觉"不是因了《人生》主人公高加林波折起伏的人生命运引起的，而是因了《人生》所创造的"完美的艺术境界"。

这是一种艺术的打击。陈忠实很受震撼，他当时创作激情正高涨着，读罢《人生》之后，却是一种几近彻底的摧毁。此后连续几天，陈忠实一有空闲便走到灞河边上，或行或坐，却没有一丝欣赏的兴致，思绪翻腾，不断地反思着他的创作。《人生》中的高加林，在陈忠实所阅读过的写中国农村题材的小说里，是一个全新的人物形象。高加林的生命历程和心理情感，是包括陈忠实在内的乡村青年最容易引发共鸣的。陈忠实真诚地认为，《人生》是路遥创作道路上的里程碑，也是中国当代小说史上的里程碑。

《人生》发表之后，引起了热烈的反响，说成"轰动"也不为过，一时洛阳纸贵，人们争相阅读，文学界也是好评如潮。陈忠实周六骑自行车回西蒋村老家的路上，遇到了中学时一位也喜欢文学的同学，这个同学见了他，挡住去路，问他："你咋没有写出《人生》？"1982年，路遥33岁。路遥比陈忠实小7岁。陈忠实明晰地感觉到了他和路遥这位比他还小7岁的同行之间创作上的距离。

陈忠实在灞河沙滩和长堤上的反思是冷峻的。他重新思考怎样写人。思考的结果是，人的生存理想、人的生活欲望、人的种种情感情态，只有准确了才真实。而一个真实的人物形象，可以超越时空，不受生活地域文化背景以及职业的局限，可以和世界上一切种族的人交流。

这一年，从9月18日起，至11月3日，由秋入冬，陈忠实凭着在反思中所形成的新的创作理念，写成了他的第一个篇幅不大的中篇小说《康家小院》。此作后来在上海的《小说界》1983年第2期发表，并获得了《小说界》首届文学奖。需要说明的是，陈忠实写的最早的一部中篇小说是《初夏》，1981年初动笔，比《康家小院》早，但是《初夏》他写得很苦，几经修改，直到1983年才写完，后刊《当代》1984年第4期，发表也是在《康家小院》之后。

《康家小院》是一部写人的作品。当笔者在这里郑重其事地说这是一部写人的作品的时候，有人难免奇怪，哪个小说不是写人的？这要把《康家小院》放在当代中国文学一定的历史时段特别是结合陈忠实早期的小说创作来看。"文革"期间及前后相当长一段历史时期，小说也写人，但这个"人"并不是小说的着眼点，它是要通过这个"人"阐述某个作者也许明白也许并不十分明白的政治理念或政策观念，借"人""反映"什么"说明"什么，因此上，这个"人"，说重一点，是一个"工具性"的"人"，有一个专门的词称其为"时代精神的传声筒"，说轻一点，是一个"伪人"或半真半假的人。陈忠实早期的小说，如《接班以后》《高

∧ 1990 年代中期，陈忠实（右）与评论家雷达（左）在庆阳山区

∧ 2002 年元月，陈忠实在昆明参加纪念柯仲平诞辰一百周年纪念活动

家兄弟》《公社书记》以及《无畏》等，甚至获中国作协全国短篇小说奖的小说《信任》，这些小说所写的人，或轻或重，其作者的着眼点、艺术的着重点并不在或不全在所写的人物本身，而在人物之上或之后的某些关乎政治的、时代的以及党的政策与策略的要求或理念，一句话，这些"工具人"或"伪人"，或者一半是生活一半是概念的"人"，基本上都是"概念化"的"人"。而《康家小院》是写人的，以人为本，人是中心，也是重心。小说的核心人物有四个：农民康田生、康田生的儿子康勤娃、勤娃的新媳妇吴玉贤、冬学教员杨老师。康家小院的故事就在这四个人中间展开。康田生，这是一个老实、厚道、本分的男人，生活教给他的，一是忍耐，二是倔强，所谓倔强，并不是与人过不去，而是硬撑着不被生活压垮。他 30 岁上死了女人，留下两岁的独生儿子勤娃，靠给人打土坯挣钱，谋算着能续上弦。十几年过去，弦没有续上，儿子勤娃成人了。勤娃也是一个老实、厚道、本分的男人，"生就的庄稼坯子"，也跟着父亲给人打土坯。乡邻吴三看上这父子俩的厚诚和实在，想着这样的人家

> 1995年4月至5月,陈忠实(右)到美国和加拿大参观、访问和文化交流。这是访问归来的留影

是不会亏待人的,主动提出把女儿玉贤嫁给勤娃。接着新中国也成立了,康家小院终于有了女人,一个普通农家的生活自此有了生机。玉贤孝敬公公,心疼勤娃,勤娃爱着玉贤,拼命打土坯挣钱,想着把日子过得更好。新政府给村上派来了冬学教员,教妇女认字学文化,当然,也传授新思想——妇女解放,男女平等,婚姻自由,也介绍一些外面的世界包括世界上的大事,如苏联妇女和男人一样上大学啦,在政府里当官啦,等等。18岁的漂亮的新媳妇玉贤,遇上了20岁左右的长着白净脸膛的冬学教员,被其所带来的新生活的气息迷惑,也被其迥异于农民勤娃的文化气质迷住。就在玉贤迷迷糊糊之时,这个冬学教员趁着在康家吃派饭的机会,与玉贤有了私情。面对这样的事,18岁的"庄稼坯子"勤娃的反应一是无论如何想不通,二是怒火万丈。康田生则是张皇失措。老实的康家父子在勤娃舅父的劝导下,明白此种家丑只能捂住,然后就只能忍,继续过日子。出人意料却也符合人物性格逻辑的是,玉贤在挨了丈夫勤娃的打骂、父亲吴三的打骂、母亲苦口婆心的生活劝导之后,却

去找杨老师，希望杨老师能给她一句靠得住的话，她就和勤娃离婚，和"可亲"的杨老师结婚。此时县文教局已经风闻杨老师的问题，正在派人查他，这个宣讲婚姻自由的冬学教员面对天黑来访的玉贤，就显出了叶公好龙的本相，唯恐躲避不及，说自己与她不过是玩玩。这里有意味的是，当被启蒙者真的觉醒后，"启蒙者"却以自己的行为否定了自己的"启蒙"之说。小说对玉贤的心理刻画得相当深入，她本来是按农村传统的生活方式和生活观念生活的，一切都相安无事，但与冬学教员相遇之后，接受了一些文化教育或者说是简单意义上的思想"启蒙"，她精神深处某些沉睡的意识开始觉醒。还没有等她完全想明白一些问题，她就经历了一系列的突然事变，一下子陷入了亲人的痛责之中。但是她还是坚持按她觉醒后发现的一点精神亮光勇敢地向前摸索，结果却发现是黄粱一梦。经历了这一切，她有所觉悟，觉得自己错了，应该悔过。她又去找勤娃，觉得"死了也该是康家的鬼"。玉贤由精神的某种程度的觉醒，到经历了人生的痛苦和迷乱，而后又有所觉悟，历经生活的否定之否定之后，从人生轨迹来看，似乎是画了一个圆又回到原点，其实她是在精神上跃向了新的层面，她看到了生活的本相，也真切地认识到了自己人

生的位置。小说是一个悲剧，吴玉贤的悲剧是双重的：没有文化的悲剧和文化觉醒之后又无法实现觉醒了的文化的悲剧。勤娃的情感经历了深爱与大恨，生命情态从勤谨到发狂再到隐忍，都是性格使然，生活使然。所以说，这部小说写的是人，主题则也是人生。

《康家小院》叙事从容，语言特别是人物语言是地道的生活语言，极具表现力，小说准确地写出了不同人物的生活态度、不同人物的心理变化过程及其性格特点，真实地再现了20世纪50年代前后特别是中华人民共和国成立初期那个时代农村生活的氛围，那些人物及人物的心理和观念，那些生活及特定的时代，给人一种文学活化石的感觉。2009年10月25日，上海文艺出版社副总编、《小说界》主编魏心宏来西安公干，陈忠实晚上在荞麦园请其吃饭交流，魏心宏提起了《康家小院》，称赞这部小说内蕴丰厚，说过了多少年回头再看，还是有持久的艺术魅力，如果拍成电影，容量恰好，内容也非常精彩。

陈忠实读了路遥的《人生》，受到沉重的艺术"打击"，从而促使自己进行艺术上的深刻反省与反思，艺术上从而进入新的境界，更上层楼，这也许就是同行之间"竞争"与"激励"的积极结果。

2010年9月，在白鹿原学老腔表演。邢小利摄

17 / 生命的警钟

> 文学是个魔鬼。然而能使人历经九死不悔不改初衷而痴情矢志终生，她确实又是一个美丽而又神圣的魔鬼。
>
> ——陈忠实《兴趣与体验》

1986年，陈忠实44岁。这一年，陈忠实很清晰地听到了生命的警钟。

这种生命的警钟并不仅仅是在这一年敲响。早在1981年，在他临近40岁的时候，他感觉生命已到中年，就已经有了一种强烈的紧迫感，就考虑着要在文学上寻求一种更大的突破，只有如此，才能不辜负自己。

44岁这一年，生命的警钟再次敲响，而且是那样的强烈。44岁，是生命的正午。生命已过不惑，迫近知天命之年。陈忠实遥望50岁这个年龄大关，内心忽然充满了恐惧。他想：自己从15岁上初中二年级起开始迷恋文学至今，虽然也出过几本书，获过几次奖，但倘若只是如以前那样，写写发发一些中短篇小说，看似红火，但没有一部硬气的能让自己满意也让文坛肯定的大作品，那么，到死的时候，肯定连一本可以垫棺材做"枕头"的书都没有！而且，到了50岁以后，日子将很不好过。这种"不好过"，乃心理压力，乃一个作家特别是专业作家将要承受的心理和责任的压力，没有一部硬气的作品，不要说对世人交代，关键是，如何对自己交代？陈忠实此时的心境，倒确实有一些"昨夜西风凋碧树，独上高楼，望尽天涯路"的况味。

也是在1986年，37岁的路遥在这一年的夏天，完成了他的第一部长篇小说《平凡的世界》第一部的创作。这一年的11月，广州的《花城》杂志在第6期刊载了这部长篇小说；12月，北京的中国文联出版公司出版了该书的单行本。陈忠实与路遥同在作协大院工作，都是专业作家，路遥的创作情况如果说对陈忠实一点触动都没有，似乎不大可能。但已经44岁的陈忠实，对于文学创作，有自己的体会和见解。他认为，创作是作家的生命体验和艺术体验的展示，别的作家的创作，写的是别的作家的生命体验和艺术体验，羡慕也好，嫉妒也好，对自己的创作都毫无

2010年，陈忠实在西蒋村

∧ 2012年，陈忠实（左）与评论家白烨（右）　　∧ 1998年夏，陈忠实（右）与诗人吉狄·马加（左）在彝海

用处。关键是，要寻找属于自己的句子。对自己来说，也不能视文友们的辉煌成果而感觉压力在顶，心理要平衡，心态要放松。

　　1985年8月20日至30日，中国作协陕西分会在延安和榆林召开长篇小说创作促进座谈会。陈忠实和路遥、贾平凹、京夫、王宝成、李小巴、王绳武、董得理、任士增等30多位作家和评论家与会。召开这个会议的起因，是连续两届"茅盾文学奖"评奖，陕西省都推荐不出一部可以参评的长篇小说，所以会议要促进一下。会议讨论了国内长篇小说的发展状况，深入分析了陕西长篇小说创作落后的原因，制订了三五年内陕西长篇小说创作发展的规划。会上，有几位作家当场表态要写长篇小说。会后，路遥就留在了延安，开始写《平凡的世界》第一部。陈忠实在会上有一个几分钟的简短发言：一是明确表态，尚无写长篇小说的丝毫准备，什么时候写，也没有任何考虑；二是谈了阅读马尔克斯长篇小说《百年孤独》的感受，认为如果把《百年孤独》比作一幅意蕴深厚的油画，那么他迄今为止所有作品顶多只算是不大高明的连环画。

　　没有想到的是，当陈忠实回到西安写他构思已久的中篇小说《蓝袍

∧ 2011，陈忠实（左）与李下叔（右）

《先生》的过程中，一个若有若无的长篇小说的混沌景象却不断地撞击着他的心，就此萌发了创作一部长篇小说的念头。

1985年的8月底到11月间，天气转凉，陈忠实动笔写《蓝袍先生》。在此之前，陈忠实的小说创作基本上是紧密关注并且紧跟当下的现实生活，有几篇小说涉及新中国成立前，如《康家小院》《梆子老太》等，但基本上都是作为一种故事背景简单提及，重在描写现实生活，而这一部中篇小说写的是一个有一定历史内涵的"历史人物"。蓝袍先生徐慎行的性格和命运从新中国成立前延伸到新中国成立后，在描写这个人物的性格和心理、展现这个人物的命运的时候，特别是发掘这个特意把"耕读传家"的"耕读"二字调换成"读耕"的亦读亦耕的人家的时候，这个悬挂"读耕传家"匾额的门楼里幽深的宅院以及这个宅院所能折射出的一些民族文化心理的隐秘，那历史深处某些重要而神秘的春光乍泄，让陈忠实久久凝目并且沉思。仿佛一个急着赶路的人，陈忠实的眼光一直盯着前面和脚下，未曾歇脚，未曾回首来时的路，偶尔一回顾，倒让陈忠实暗暗大吃一惊。身后的风景居然还有那么多迷人之处，而且，身后

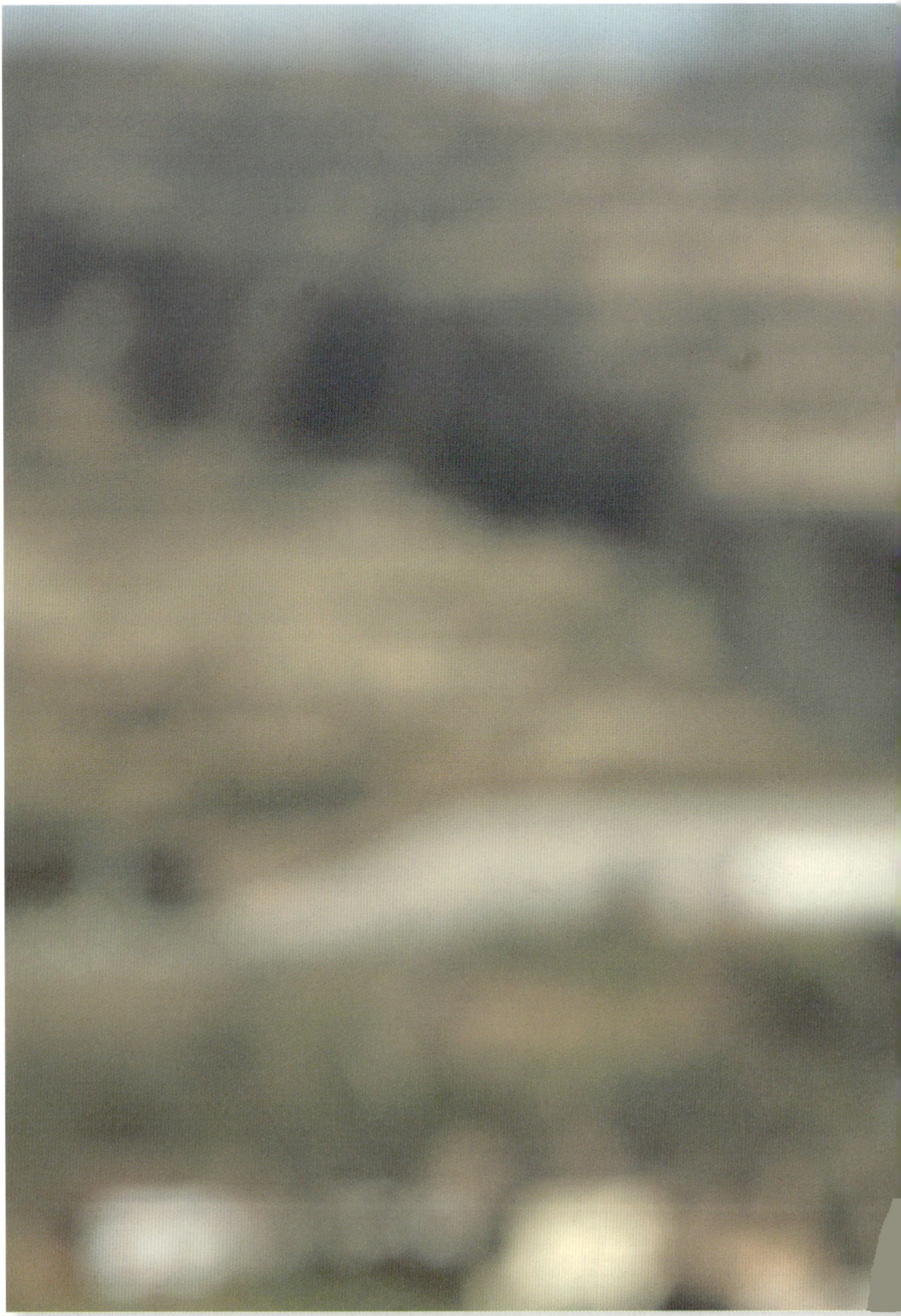

2008年，陈忠实在原上。尚洪涛摄

∧ 喜欢足球运动。2005年，陈忠实（中前）在西安思源学院体育场。右边穿红衣者为作家从维熙

的更远处，迷茫的历史烟云飘忽不定，脚下的路正从那里遥遥伸展而来。"暮从碧山下，山月随人归。却顾所来径，苍苍横翠微。"仿佛黑暗的夜空突然燃起了一束明亮的火花，陈忠实心里一亮，那苍苍横翠微之中有着创作的巨大宝藏。这里曾经是自己忽略的。但是，理不清来路，就不知道去路。由此引发了他对民族命运这一个大命题的思考。陈忠实决定用五六年的时间继续这一思考。

1987年8月，陈忠实到长安县（现西安市长安区）查阅《长安县志》和有关党史、文史资料。有一天晚上，他与笔名叫李下叔的《长安报》编辑记者李东济在旅馆，一边喝酒吃桃一边闲聊。两人说得投机，陈忠实第一次向外人透露了他创作《白鹿原》的信息。说到后来，陈忠实谈起自己艰难而又屡屡受挫的创作历程，叹说自己已经是45岁的人了，说一声死还不是一死了之，最愧的是爱了一辈子文学写了十几年小说，死了还没有一块可以垫头的东西呢。关中民俗，亡者入殓，头下要有枕头，身旁还要装其他物什，这些东西，有时是由死者生前准备或安排妥当的。

∧ 2013年6月，西安，陈忠实（左）与话剧《白鹿原》白嘉轩扮演者濮存昕（右）交谈。邢小利摄

陈忠实说："东济，你知道啥叫老哥一直丢心不下？就是那垫头的东西！但愿——但愿哇但愿，但愿我能给自己弄成个垫得住头的砖头或枕头哟！"（李下叔：《捡几片岁月的叶子——我所知道的〈白鹿原〉写作过程》，载《当代》1998年第4期）也就是说，弄不下个像样的能给自己交代的作品，陈忠实大有死不瞑目的恐惧。

李下叔用"豪狠"来概括陈忠实的气性，陈忠实觉得"豪狠"这个词很得劲，也很对他的心思。他写《白鹿原》，应该说，使的就是这个"豪狠"劲儿。

∨ 夏天的白鹿原

18 / 「寻根」与「挖祖坟」

世间一切佳果珍馐都经不得牙齿的反复咀嚼，咀嚼到后来就连什么味儿也没有了；只有圣贤的书是最耐得咀嚼的，同样一句话，咀嚼一次就有一回新的体味和新的领悟，不仅不觉得味尝已尽反而觉得味道深远；好饭耐不得三顿吃，好衣架不住半月穿，好书却经得住一辈子诵读。

——陈忠实《白鹿原》

一个作家的创作，既有自己相对长期的艺术追寻目标，也受时代的文艺思潮的影响而有所转向或调整。当代中国作家艺术探索上的一个显明特点，就是比较关注时代政治思潮和文艺思潮的发展方向，力求与时代保持一致而避免落伍。1980年代中期，当陈忠实觉得需要一个"枕头"而在创作上酝酿重大突破时，他觉得很有必要开阔自己的文化视野，同时寻求一种艺术参照的坐标，以避免盲目的摸索而误入歧途。他有方向地进行大量阅读。他这个时期的阅读主要分为两个方面：一个是当时广被介绍的拉美文学以及捷克作家米兰·昆德拉，一个是国内的"寻根"文学创作以及有关的文艺思潮。阅读给他带来了思想和艺术上的重大启迪。在这种阅读过程中，文化的比较和文学的借鉴，使他逐渐明确了他要追寻的艺术目标。

　　马尔克斯的《百年孤独》是陈忠实重点阅读的一部拉美文学作品。1984年3月，陈忠实参加中国作协在河北涿县召开的"全国农村题材创作座谈会"期间，看到《十月》杂志副主编、作家郑万隆在开会期间校对《十月》"长篇小说专刊"拟刊发的《百年孤独》文稿，就想先睹这部1982年刚刚获得诺贝尔文学奖的拉美作家作品。此时《百年孤独》还未正式出书。会后，郑万隆把刊有《百年孤独》的《长篇小说》寄给了陈忠实。这一辑《长篇小说》"专刊"于1984年3月出版，《百年孤独》由高长荣翻译，同期还刊发了两篇文章，一篇是由张永泰翻译、赵绍天校注的马尔克斯在瑞典文学院接受诺贝尔文学奖时的演说《拉丁美洲的孤独》，一篇是译者高长荣写的评介性文字《魔幻现实主义作家加西亚·马尔克斯和他的〈百年孤独〉》。陈忠实读到这部《百年孤独》应该在1984年3月之后，他是中国当代作家中最早读到这部作品并深为沉迷而且也

"寻根"与"挖祖坟" 183

∧ 西蒋村书房

∨ 北京十月文艺出版社出版的刊有《百年孤独》的"长篇小说"专刊

受其影响的作家之一。《百年孤独》是1982年获得诺贝尔文学奖的。由北京文艺出版社出版的高长荣翻译的《百年孤独》单行本于1984年9月出版。"寻根文学"的发起人之一韩少功后来回忆说:"我记得,在1984年杭州会议之前,我们已经从报纸上看到了拉美作家加西亚·马尔克斯获诺贝尔奖的消息,看到了有些新闻中对他的评介。不过,当时他的作品还没有中

译本，我想没有任何中国作家读过他的作品。在杭州会议上据我的记忆，谈论马尔克斯的并不多，更没有什么人提到美国小说《根》。参与者当时主要感兴趣的还是海明威啊，萨特啊。"（王尧：《1985年"小说革命"前后的时空——以"先锋"与"寻根"等文学话语的缠绕为线索》，载《当代作家评论》2004年第1期）这个"杭州会议"是1984年12月开的，《百年孤独》已经出版了，单行本很多作家没有看见倒是可能的，但北京十月文艺出版社出版的载有《百年孤独》的《长篇小说》文学界应该有不少人看到。

陈忠实一接触奥雷连诺那块神秘的"冰块"，就获得了一种全新的艺术感受，惊奇得不由自主地吟诵起来。在对马尔克斯的叙述形式叙述节奏还未完全适应的时候，陈忠实已经十分专注地沉入一个陌生而神秘的生活世界和陌生而又迷人的语言世界。

这一个时期，陈忠实非常关注拉美魔幻现实主义的作家和作品，尤其是介绍或阐释魔幻现实主义的资料。在《世界文学》1985年第4期上，他看到魔幻现实主义的开山大师、古巴作家阿莱霍·卡彭铁尔的中篇小说《人间王国》，此作被认为是魔幻现实主义的首创之作。同期杂志还配发了林一安的评论《拉丁美洲"神奇的现实"的寻踪者》，这是一篇介绍拉美作家的创作特点特别是卡彭铁尔创作道路的文章，陈忠实读后才对魔幻现实主义的创立和发展有了一个较为清晰的了解。对陈忠实富有启示意义的，是卡彭铁尔艺术探索的传奇性历程。卡彭铁尔创作之初，受到欧洲文坛各种流派尤其是超现实主义的极大影响。1928年，他远涉重洋来到超现实主义的"革命中心"的法国，"但是八年漫长的岁月却仅仅吝啬地给予卡彭铁尔写出几篇不知所云的超现实主义短篇小说的'灵感'"。卡彭铁尔在失望之余，意识到自己以及其他拉美青年作家若要有所作为，必须彻底改变创作方向，"拉丁美洲本土以及她那古朴敦厚而带有神秘色彩的民族文化才具有巨大的迷人魅力，才是创作的源泉"。卡彭铁尔深刻地进行了自我批评："我认为，我为超现实主义效力是徒劳的，我不会给这个运动增添任何光彩。我于是产生了反叛情绪，感到了一种力图表现美洲大陆的热切愿望。"他回到古巴之后，立即遍访拉美各国。1943年，又深入海地这个拉美唯一的黑人国家，深为所迷，经过五年多的呕心沥血，写出了别开生面的《人间王国》。作品于1949年发表后，在拉美引起巨大反响，并在欧美文学界受到热烈欢迎，被小说史家称为"标志着拉丁美洲作家从此跨入了一个新的时期"。并且，《人间王国》所用的"神奇的现实"创作手法还启发和影响了后来的魔幻现实主义小说。卡彭铁尔对陈忠实启示最深的一点，是陈忠实对自己乡村生活的自信被击碎了。陈忠实感觉自己对于乡村的生活知道得太狭窄了，只知当下，不知以往，遑论未来。他意识到，对于一个试图从农村生活方面描写中国人生活历程的作家来说，自己对这块土地的了解太浮泛了。

从卡彭铁尔进入海地这一文学事件中，陈忠实体悟到必须把目光再从外国大师那里切换到自己民族的生存现实和文化土壤上，回归本源，才能"寻找"到"属于自己的句子"，关注本土，也能产生好作品和大作品，也能创作出令世人瞩目的不朽之作。而此时在国内文学创作中出现的"寻根文学"和文艺思潮中所阐发的"文化-心理结构"理论，同时对陈忠实产生了重大的思想影响。他把卡彭铁尔进入海地、"寻根文学"和"文化-心理结构"理论三者融会贯通，发现它们有共通的文学和文化指向，这就促成了陈忠实的一个行动，去西安周边的长安、咸宁（明

△ 2010年，陈忠实在蓝田县档案馆查看蓝田县志

清时与长安县并为陕西西安府治，民国并入长安县）、蓝田三个县查阅县志、地方党史及有关文史资料，同时不经意间获得的大量的民间轶事和传闻，使他关于一个新的长篇小说的胚胎渐渐生成，渐渐发育丰满起来，他感到真正寻找到"属于自己的句子"了。

深处内陆的陕西，有着几千年历史文化的沉积，再加上后来的延安红色文化传统，思想和文化上常常自成一体，较少受欧风美雨等"洋派"文化的影响，这一方地域的文化氛围和文学环境更为重视也更为强调历史和传统，因之，所谓的"现代派""先锋派"文学在这里并不时兴。以陈忠实、路遥、贾平凹、邹志安等为代表的当时的陕西中青年作家的中坚，出身乡村并长期在乡村生活，后来因为读书或因为从事文学而进入城市，但在文化和格调上并不能与城市文化融合，其人生阅历和文化背景所形成的文化心理结构，更多的是面向当下或面向历史。从陈忠实、路遥、贾平凹、邹志安这几位有代表性的作家创作看，20世纪80年代中期以前，他们文学创作的题材，基本上都是农村，创作方法基本上都是现实主义。1984年3月的涿县"全国农村题材创作座谈会"上，大会

∧ 收藏的蓝田县党史资料

安排路遥发言,据陈忠实回忆,路遥还是强调现实主义创作自有其非凡的现实性和生命力。陈忠实回忆说,这次会议"讨论的话题已不局限在农村题材,很自然地涉及到整个文学创作,即上世纪80年代中期文学创作的现状和走向。其中现代派和先锋派的新颖创作理论,有如白鹭掠空,成为会上和会下热议的一个话题","在大会安排的发言中,我听到路遥以沉稳的声调阐述他的现实主义创作主张,结束语是以一个形象比喻表述的:'我不相信全世界都成了澳大利亚羊。'那个时候刚刚引进来澳大利亚优良羊种,正在中国牧区和广大乡村推广,路遥的家乡陕北地区素来习惯养羊,是陕西推广澳大利亚羊的重点地区。"路遥"沉稳的语调里显示着自信不疑的坚定,甚至可以感到有几分固执"。(陈忠实:《寻找属于自己的句子》,上海文艺出版社2009年版,第42、43页)路遥以"澳大利亚羊"这样的"洋羊"喻"现代派""先锋派",以"陕北山羊"指代他所崇尚并坚持实践的"现实主义"。路遥的发言说的是文学上的真理或者就是常识,但在当时的中国,在一个长期强调追随潮流不随潮流就被说成是落伍或者是落后的文化环境里,说这样一番话却是需要巨大的勇气的。1986年春天,《当代》杂志年轻的编辑周昌义在西安拿到路遥的《平凡的世界》第一部,没有看完,就退稿了,主要的原因就是认为该作读起来感觉"慢""啰唆""故事一点悬念也没有,一点意外也没有",而那个时期,"伤痕文学过去了,正流行反思文学,寻根文学,正流行现代主义",认为这种现实主义的老套路不时兴了,没有市场,"当时的中国人,饥饿了多少年,眼睛都是绿的。读小说,都是如饥似渴,不仅要读情感,还要读新思想、新观念、新形式、新手法。那时候的文学,肩负着思想启蒙,文化复兴的任务,不满足读者标新立异的渴求,就一无是处"。所以说,坚持现实主义,不仅需要勇气,还要付出代价(参见周昌义、小王:《从文坛是个屁开始、当年毁路遥》,载《西湖》2008年第1期)。这是后话。所以,涿县会议上,听了路遥讲话的陈忠实接着说,"我更钦佩他的勇气,敢于在现代派先锋派的热门话语氛围里亮出自己的旗帜,不信全世界只适宜养一种羊"。而这里的关键是,陈忠实自己也坚信现实主义,"我对他的发言中的这句比喻记忆不忘,更在于暗合着我的写作实际,我也是现实主义写作方法坚定的遵循者,确信现实主义还有新的发展天地,本地羊也应该获得生存发展的一方草地"。(陈忠实:《寻找属于自己的句子》,上海文艺出版社2009年版,第43页)

还有一个关键是,在1985年前后,陈忠实在坚持现实主义文学信念的同时,也意识到传统的现实主义写作方法也需要有所变化。所以,他接着这样说,"然而,就现实主义写作本身,尽管我没有任何改易他投的想法,却已开始现实主义写作各种途径的试探,这从近两年的中短篇小说尤其是中篇小说的写作上可以看出变数","涿县会议使我更明确了此前尚不完全透彻的试探,我仍然喜欢现实主义创作方法,但现实主义写作方法必须丰富和更新，寻找到包容量更大也更鲜活的现实主义"。（陈忠实：《寻找属于自己的句子》，上海文艺出版社2009年版，第43页）路遥的创作坚持的是现实主义创作方法，但他的眼光，已经从乡村转向了城市交叉地带。邹志安的创作，后来也开始进行"爱情心理探索"。贾平凹的创作，在那一个时期，则与"寻根文学"遥相呼应。陈忠实这个时期的创作和艺术思维，除了在方法上注重借鉴魔幻现实主义，他关注生活和人的焦点，也由当下的现实转向历史的来路，转向了那个曾被他忽略了很多年的新中国成立前，转向了清末以来的民国时期和国共纷争的历史烟云。对陈忠实来说，这是一个重大的里程碑式的转变。在这里，陈忠实的创作与"寻根文学"有了某种牵连。

"寻根文学"出现于20世纪80年代中期。1985年前后的中国文学，是一个转折点。此前，自新时期以来，中国的文学形势总体上是以伤痕、反思、改革这样的潮流一浪一浪地向前推进着，千帆竞发，百舸争流，但都行驰在一条文学的河道上。而到了1985年，出现了拐点，出现了分流，出现了各自不同的追求，所谓"三春去后诸芳尽，各自须寻各自门"。其中重要的是两个方面，一是个"先锋"，一个是"寻根"。一个向前求索，一个向后探寻。一个前瞻，一个后顾，正像一个人在路上，开始只是闷着头急急地赶路，到了岔路口，去向未明，需要瞻前顾后一番，很合情合理。

"寻根文学"是在新时期文学经历了关注当下现实生活的伤痕、反思、改革这些文学潮流之后，在对从西方不断移植文学观念和方法的"现代派"进行仔细打量之后，一方面力求与现实生活拉开距离，一方面把焦点对准本土，但是这种聚焦，目光更远。它从文化的角度，力图重新梳理和思考民族生存和发展的"根脉"。举凡远古时代的风土人情，富有地域特色的民间文化，都成为寻根文学关注的对象。长期以来，宏大的主流文化意识浪潮滚滚，"寻根文学"冀望通过那些被边缘化或被遮蔽的远古文化和民间文化的探寻，捕捉历史积淀下来的传统民族心理和民族性格。1985年4月，韩少功在《作家》杂志第4期上发表了《文学的根》。他说："文学有根，文学之根应深植于民族传统文化的土壤里，根不深，则叶难茂。"他提出，应该"在立足现实的同时，又对现实进行超越，去揭示一些决定民族发展和人类生存的谜"。与理论和观念相呼应，一个时期，寻根派作家写出了一大批作品，这些作品或写边民的原始气息，或写山野的古风民俗，或者写道家文化滋养下的人格精神，令人耳目一新，也形成了较大的影响。

陈忠实最初对寻根文学是极为关注的，并且有一段时间进行跟踪和研究。可是，他很快发现，"寻根文学"的方向有问题，它后来越"寻"越远，离开了现实生活。陈忠实认为，民族文化之根应该寻找，但不在深山老林和荒蛮野人那里，而应该在现实生活中人群最稠密的地方。

1986年，陈忠实一方面到蓝田县、长安县查阅当地的县志、中共党史和其他文史资料，一方面与村子里的祖父辈的老人拉话，希望能从老人口中完成他对自己所在的村子以及白鹿原和关中的进一步了解。他或者上门到别人家里，或者请人到自己家里，让老人们随便谈。白嘉轩这个形象就是在与他们陈姓门中一个老人交谈中得以启示形成雏形的。在断断续续的两年时间里，在这种与老人的交谈和史志的阅读中，陈忠实感觉自己的思维和情感逐渐进入了近百年前的属于他的村子，他的白鹿原和他的关中。他很清醒，他不是在研究村庄史和地域史，他是要尽可能准确地把握那个时代人的脉象，他们的文化心理结构形态。他要通过历史人物不同的文化心理结构形态，来透视当时的政治、经济以及道德的多重形态。还有一点，他尤为看重，那就是当时代发生重大变故的时候，面对新的观念和新的价值观的冲击，具有不同文化心理结构的人会发生怎样的裂变。他相信，不同人物不同的裂变过程及其心灵轨迹，既显示着不同人物的个性，也清晰地传递着历史演变的信息，更重要的是，它揭示着一个民族深层文化心理的秘密。既重视文化，重视脚下土地的文化、正在发生和曾经发生的文化、主流文化、主体文化，又重视诸种文化如何在历史的演变过程中和时代巨浪的冲击之下积淀为人的心理结构，积淀为不同人的不同心理结构。观其象，有表有里；察其变，有静有动。正是在这一点上，陈忠实的文学观察与思考，同一般意义上的"寻根文学"拉开了距离，而有了自己的特点和深度。

1987年8月，陈忠实在与李下叔的啖桃夜话中，李下叔把陈忠实所说的关于"民族的某种根基的挖掘与构建"称为"挖祖坟"，陈忠实对这个说法"非常欣赏"。（参见李下叔：《捡几片岁月的叶子——我所知道的〈白鹿原〉写作过程》，载《当代》1998年第4期）"挖祖坟"一说虽然不雅，却也形象传神。"挖祖坟"其实就是"寻根"。

∧ 2014年的陈忠实。尚洪涛摄

19 / "作家"与"书记"之间

> 作家穿透生活迷雾和历史烟云的思想力量的形成,有学识有生活体验有资料的掌握,然而还有一个无形的又是首要的因素,就是人格。强大的人格是作家独立思想形成的最具影响力的杠杆。……不可能指望一个丧失良心人格卑下投机政治的人,会对生活进行深沉的独立性的思考。自然不可能有独自的发现和独到的生命体验了,学识、素材乃至天赋的聪明都凑不上劲来,浪费了。
>
> ——陈忠实《解读一种人生姿态》

∧ 1979年2月,中国作协西安分会(即后来的陕西省作家协会)第二次会员代表大会代表合影

　　1991年春天,陈忠实参加一个作家朋友的聚餐,范围很小。席间,有朋友对陈忠实说,上级领导要把你调到省文联,去做党组书记。陈忠实听了,根本不相信这个话。他近年虽然一直住在乡下,但对省上文艺界的情况很清楚,上级领导已经着手省文联和省作协的换届工作,换届最重要的一项工作,就是新一届省文联和省作协领导的人事安排。人事安排总是牵动着许多人的神经,自然成为各方面人士关注的焦点,也是文艺圈子里议论的热点话题。

　　在这里,有必要把陕西作家协会机构的历史梳理一下。先看名称:作协陕西分会的前身是中国作家协会西安分会,成立于1954年11月。当时,经中共中央宣传部决定,中国作家协会在全国设立六个分会,西安分会即为其一,为西北大区分会,会员分布于陕、甘、宁、青、新五省(区)。以后各省陆续成立作协分会,西安分会就仅仅管理陕西会员,事实上成为陕西分会。1983年9月,正式改名为中国作家协会陕西分会。1993年6月,根据中央有关规定,根据中国作家协会(1991)作发字第16号文件精神,中国作家协会陕西分会改为陕西省作家协会。再看历次换届情况。1954年11月8日,中国作协西安分会在西安召开第一

∧ 1983年9月,中国作协陕西分会(即后来的陕西省作家协会)第三次会员代表大会代表合影

次会员代表大会。大会选举出的领导机构成员是,主席:马健翎,副主席:柳青、郑伯奇(党外人士)、胡采(西安市文化局长兼任)。1956年6月,经中共中央政治局会议批准,柯仲平任作协西安分会主席,马健翎任作协西安分会副主席。"文化大革命"开始,1966年夏,作协西安分会即处于瘫痪状态,由"文革"小组领导。1967年1月,"作协西安分会红色造反队"夺权,后成立"斗批改委员会",直至1968年10月,工人宣传队进驻。1969年12月27日,陕西省革命委员会宣布:撤销原中国作协西安分会等六个单位,领导和干部全部下放农村、工厂和"五七"干校劳动改造。1972年11月6日,陕西省文艺创作研究室成立,属省文化局领导的县级事业单位。1978年,根据中共中央精神,中共陕西省委决定,作协西安分会筹备恢复活动。1979年2月21日至27日,在西安召开第二次会员代表大会,通过了新的章程,选举出理事29人,组成理事会。在二届一次理事会上,选举出常务理事13人,选举出主席胡采,副主席王汶石、杜鹏程、傅庚生(西北大学中文系教授、党外人士)、李若冰。1983年9月11日至16日,在西安召开第三次会员代表大会,通过修改后的中国作家协会陕西分会章程,选举出理事52人,组成理事会。

∧ 1983年9月，中国作协陕西分会第三次会员代表大会新一届理事会理事合影。后排中为陈忠实

在三届一次理事会上，选举出主席胡采，副主席王汶石、杜鹏程、李若冰、王丕祥。根据调整领导班子的要求，1985年4月21日至24日，作协陕西分会三届二次理事会（扩大）在咸阳召开。会议增补16位会员为理事，选举路遥、贾平凹（西安市作协副主席兼任）、陈忠实、杨韦昕为副主席。在主席团会议上，通过由杨韦昕、王愚、李小巴、姜洪章、白描、汪炎等6人组成书记处，在主席团和党组的领导下负责分会的日常工作。1954年至1983年，近三十年间，陕西的作家协会机构只开了三次换届会。1983年至1991年，时隔八年，一些老作家或谢世或进入离退休年龄，一些年轻的作家已经成长起来。

风云际会，文艺界的人本来就思想敏锐，对时局和政治较为敏感，值此时刻，很多人都会根据自己的经验和种种形势进行推断和猜测，难免有多种小道消息流播坊间。陈忠实认为，关于换届人事安排的小道消

"作家"与"书记"之间

△ 1985年4月,中国作协陕西分会三届二次理事会主席团合影。前排左起:李若冰、胡采、周雅光(时任中共陕西省委副书记)、杜鹏程、王汶石。后排左起:路遥、贾平凹、陈忠实、王丕祥、杨韦昕

息应该多为人们的猜测,其可信度很值得怀疑。而关于要调他到省文联当党组书记一事,在他看来,连百分之一的可信性都没有,所以,朋友说了也就说了,他并没有放在心里。聚餐完毕,他回到原下,继续写他的《白鹿原》。不久,也就忘记了这个他认为的小道消息。

小道消息有时候是无稽之谈,但相当多的时候却并非没有来由。当时作协陕西分会的情势是,作家和评论家中的胡采、王汶石、王丕祥等老领导都年龄大了,到了离退休的时候。如作协陕西分会第三届主席胡采生于1913年,这一年即1991年已经78岁了;第三届副主席王汶石生于1921年,这一年已经70岁;第三届副主席王丕祥生于1926年,这一年是65岁。而在"文革"前几年特别是新时期跃上文坛的一代中青年作家已经成长壮大起来,如路遥、陈忠实、贾平凹等,既是作协陕西分会第三届副主席,他们的创作也代表着新时期陕西文学的面貌、精神和成

就。作为一省的作家协会，其头面人物是需要精心安排的。路遥携《人生》《平凡的世界》之风，当时的呼声是相当高的，上级有意安排他任作协陕西分会主席。陈忠实的创作特别是影响，与路遥伯仲之间，上级考虑也当有一合适位置安排才妥。于是，就有了让陈忠实到省文联当党组书记的安排意见。作协主席和文联书记，都是正厅级级别，没有上下之分，看起来很是妥当。

一月之后，陈忠实到作协陕西分会开会，又从正式渠道获知上级组织确实要安排他去省文联任党组书记，这一次是真的了。陈忠实当即毫不含糊地表明态度：自己不适宜去省文联做党组书记。陈忠实意志坚定，他这样做，既不是故作谦虚，也不是考虑到自己做好这个角色的能力如何，而是早已打定主意，明确自己后半生要以写作为主业。在"作家"与"书记"之间，陈忠实没有"一心处两端"的矛盾和犹豫，他只有一种价值选择，那就是既爱文学，就当作家。所以，他不想别攀高枝，从而闹得分散心神和精力，更不愿意因此而意外地卷入什么人事纠葛，弄得脱不开身。

小道消息可以不必在意，现在是信息确凿无误了，陈忠实一下子陷入了焦虑，甚至有些慌乱和惶恐。此种焦虑和惶恐的心情，不是因为心思游移，在做还是不做这个问题上心存矛盾，一时委决不下，而是觉得问题棘手。做还是不做，并不完全由着自己。自己是党员干部，而任省文联书记是上级党组织的人事安排方案，从组织纪律上说，个人得服从组织决定，此间没有讨价还价的余地。陈忠实现在需要考虑的是，如何妥帖地说服上级改变意见。

陈忠实在从作协回到原下小院的路上，主意已经想好：给省委宣传

> 1980年代后,时任陕西省委宣传部部长的王巨才(右)和陕西作协党组书记李若冰(左)

部部长王巨才写信,申述自己不愿调离作家协会去文联任职的理由。

回到蒋村,写了信,他骑上自行车,跑了八里路到邮局把信发走。

信虽然发出了,陈忠实的心却悬了起来:事情到此只是开始,并未了结,自己所申述的理由王部长会不会认可?万一不认可,下一纸任命调令怎么办?他的心为此熬煎着,心力分散,一时心神集中不到正在写的《白鹿原》上。

接下来,陈忠实几乎天天都在等待宣传部的回应,然而杳无消息。既无回信,也没有人找他谈话。眼看着又过了一个月,他越来越紧张,便决定再写一封信申述。这封信,除了对前信申述的理由再做概括性重复之外,着重申明两点:第一,自己不愿意调离作协。组织部门如果径下任命书硬调,自己不遵从,不仅自己被动,于领导也不大好。他干脆把话说透,如果不开除党籍,他是不会调离作家协会的。第二,直言不讳地表明,如果作家协会人事不好安排,他甘愿放弃现任的副主席职位,只要能保留专业创作这个职业就心满意足了。他猜想,作协和文联换届的焦点是人事安排,如今的问题是,需要安排的人多而职位有限,僧多粥少,自己表明态度,不让领导为难,便于取舍。这封信他在前边署了两位领导的名字,一位还是宣传部王巨才部长,另一位是分管文艺的副部长郧尚贤。信发出以后,眼看着春去夏来,已经到了伏天,时间接近两个月,仍然没有任何反应。不过,却也没有调他去文联的任命书下达。

连续发出两封致上级领导的辞谢书，干脆利落地表明：自己的底线是保留党籍，最高期望是能保留专业创作这个职位，正厅级的书记职位一再辞谢，就是现在的副主席身份也甘愿放弃，只求留在作协，当一个作家足矣。一般而言，陈忠实不是那种锋芒毕露的作家，平时倒是显得沉稳内敛，除了公事，日常与上级领导的走动也不多甚至没有，这一次有些不同寻常，数月之内，居然迫不及待地连上两封辞谢书。这一方面显出了陈忠实个性中倔强的一面，另一方面也显出了他豁出来背水一战的决心。宁当一个普通作家，不做正厅级的书记，这个想法和做法不仅

< 2010年夏，陈忠实在白鹿原

在文坛是反常的，就是在当代社会中也显得有些异乎寻常，乍一看可能令人有些费解。此事笔者有三解：第一，陈忠实志在创作，做官的"野心"不大。2006年10月的某一天，笔者与陈忠实闲聊，陈忠实说他自小就爱文学，后来也曾当过农村基层干部，经历过人生的挫折，就决心以文学为终生追求。他当年最大的愿望或者说人生理想，就是能当一个专业作家，专业作家的好处是生活有所保障，能安心创作。此后，居然当了省作协副主席又当主席，最后还当了中国作协副主席，实在都是理想之外的意外收获，都是"多赚"的。第二，性格中有怕陷入矛盾、怕惹上麻烦的一面，内心深处图能清净一些，能安心写作。作协相对来说能清净一些，再者，他在这里已经生活、工作多年，较为习惯。第三，1991年，正是他为自己的"枕头工程"《白鹿原》的写作进行最后攻坚的一年，他不想因任何事干扰这个至关重大的工程。

事情的解决倒也顺利，显得简洁明快。这一年的伏天，在西安市南郊的丈八沟宾馆，陈忠实作为省委候补委员参加一次省委会。这天散会之后走出门来，听见有人在后边叫他，回头一看，是王巨才部长。两人站在一株大松树的荫凉下说话。王巨才说："忠实，你的信我看了。省文联你还是去吧，省作协安排了另外的同志。"陈忠实说："我留省作协，仅仅只是为了专心写作，绝不是要当领导。"王巨才说："这已经是定了的事。你要服从组织决定。"陈忠实想了想，问："我要不去会不会开除党籍，不让写作？"王巨才沉思了一下说："那当然不会。"陈忠实说：

"那就这样，我不去文联，也不在作协担任任何职务！决不和别人闹意见！"王巨才看他如此坚决，说："你的第一封信我看了以后，还以为你是怕去省文联耽误写作，便决定派一个能力很强的副书记主持日常工作，你只参与大事的决策就行了，可以不坐班。第二封信看过以后，也让邰尚贤副部长看了，我们两人都很感动。有些人托门子找关系想挂一官半职，给你个正厅级你却不要啊。"王巨才真诚地说："那你就原样不动，倒是觉得亏了你啊。"听罢这番话，陈忠实一颗悬着的心一下子落到了实处，也被领导的实心体贴感动了，他默默地握着部长的手，表示感激。

从丈八沟回到原下小院，陈忠实感觉到前所未有的踏实和放松的同时，也分明意识到了另一种前所未有的压力，这就是，他把自己逼到了别无选择的境地，成了只能在一棵树上摘桃子的猴子了。一条路断了，另一条路敞开着，但得自己去走，走得通走不通，走得远走不远，全靠自己了。他似乎体味到了背水一战、孤注一掷的况味。

再次摊开稿纸进入白鹿原的世界的时候，他觉得更沉静也更专注了。

20 /『咋叫咱把事给弄成了！』

如果不是作品的艺术缺陷而是触及到的某些方面不能接受，我便决定把它封存起来，待社会对文学的承受力增强到可以接受这个作品时再投出书稿也不迟；我甚至把这个时间设想得较长，在我之后由孩子去做这件事；如果仅仅只是因为艺术能力所造成的缺陷而不能出版，我毫不犹豫地对夫人说，我就去养鸡。

——陈忠实《何谓益友》

1986年至1987年，陈忠实去蓝田县、长安县查阅县志，读了咸宁县志，查阅地方党史及有关文史资料。选择长安、咸宁和蓝田这三个县，了解其历史，陈忠实有一个基本考虑，那就是这三个县紧紧包围着西安。西安是古都，曾是中国政治、经济和文化的中心，他认为，不同时代的文化首先辐射到的，必然是距离它最近的土地，那么这块土地上必然积淀着异常深厚的传统文化。查访过程中，不经意间还获得了大量的民间

< 1990年代的陈忠实。柏雨果摄

逸事和传闻。就是在这种踏勘、访谈和读史的过程中,陈忠实新的长篇小说的胚胎渐渐生成,并渐渐发育丰满起来,而地理上的白鹿原也进入他的艺术构思,并成为未来作品中人物活动的中心。一些极有意义的人物,也从史志里或传说中跳了出来,作为文学形象渐渐地在陈忠实的脑海中活跃起来。

史志里的一些材料让陈忠实震撼。1927年的农民运动席卷了中国的一些省份,毛泽东的《湖南农民运动考察报告》写湖南农民运动闹得很凶,陕西关中的农民运动其实也很厉害,仅蓝田一个县就有800多个村子建立了农会组织。陈忠实看到这个历史资料后很感慨:"陕西要是有个'毛泽东'写个《陕西农民运动调查报告》,那么造成整个农民运动影响的可能就不是湖南而是关中了。"由此引发的一个问题令陈忠实思考,陕西关中是我们这个民族和国家封建文明发展最早的地区,也是近代以来经济形态相对落后、历史文化沉积最深最重的地方,人很守旧,新思想很难传播,怎么会爆发如此普遍的以革命为名义的农民运动呢?

白灵就是一位年轻的革命者。她的原型叫张静雯,白鹿原上的人,是从党史回忆录里找出来的,其个性,其经历,都对陈忠实塑造白灵这个人物提供了有价值的参考。

∨ 冬天的白鹿原

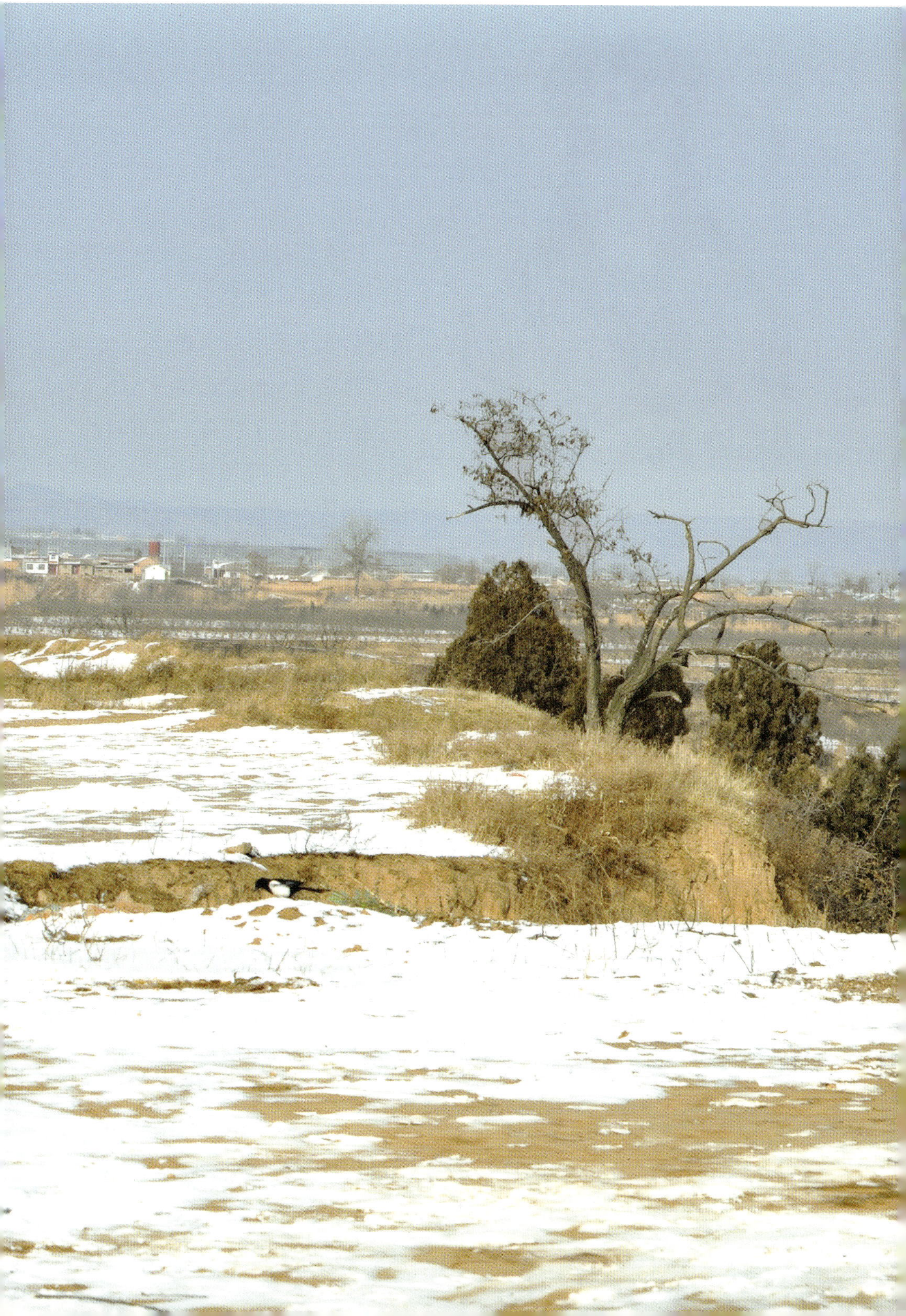

《白鹿原》中朱先生的原型、清末举人牛兆濂

在陈忠实构想的未来的长篇小说中，最早冒出来的一个人物，就是后来小说中的朱先生，一个儒者甚至是大儒。这样的人物是耕读传家的乡土社会不可或缺的精神导师，但是限于生活经验，他对写这个人物只有一些抽象的概念化的想象，缺乏活生生的性格和细节性的生活把握。正是在史志的翻阅中，他心中的朱先生渐渐地立了起来，活了起来。朱先生的原型是主编《蓝田县志》的牛兆濂，清末举人，人称牛才子。现实中的牛家与陈家一北一南隔灞河相望，距离很近，陈忠实还没有上学的时候，晚上和父亲一起剥玉米，父亲就给他讲过很多牛先生的故事。牛才子是当时乡里出名的"神童"，相关的传说很多。关于这个人物，陈忠实回忆说，在一个文盲充斥的乡村社会，对一个富有文化知识的人的理解，就是全部归为神秘的卜筮问卦方面的传说。他听父亲讲，谁家丢了牛，找牛才子一问，牛才子一掐算，然后按其所说去找，牛就找着了。陈忠实很想把牛才子这样的儒者写到作品中去，但感觉最没有把握。牛兆濂主编的县志客观纪事，不加评价，只有几处写了类似编者按的批注表达了观点。陈忠实就是从那几处批注中，感觉和把握到了老先生的某些心脉和气质，感觉写这个老先生有把握了。这是他查阅县志的另外一大收获。

读牛兆濂主编的二十多卷的《蓝田县志》，陈忠实发现，有四五卷记载的是该县有文字记载以来贞妇烈女的事迹和名字。这些事迹没有女人的名字，只是以夫姓和自家的姓合起来称呼，如刘王氏。事迹也无非这

> 2006年，陈忠实在白鹿原

样一类：刘王氏15岁出嫁，16岁生孩子，17岁丧夫，然后抚养孩子，伺候公婆，终老没有改嫁，死时乡人给挂了个贞节牌匾。有几卷没有记载任何事迹，只是把贞妇烈女们的名字一个个编了进去。陈忠实心中既悲哀也震撼：这些鲜活的生命活得是多么委屈啊！由此萌生了要写田小娥这么一个人物的创作冲动。这个人物不是接受了现代思潮的影响，也不是受到了某种主义的启迪，只是作为一个人，作为一个女人，她要按人的生存需要、人的生命本质去追求她应该获得的。陈忠实说，他小时候目睹过一件事，一个年轻女性，因对婚姻不满意逃婚，被抓回来后，捆在一棵树上，全村的男人都用刺刷抽打她。他写小娥被刺刷抽打的情节，就是由此来的。他还发现，因为这个逃婚的女人，村子里所有的矛盾暂时都化解了，人们团结一致惩罚这个女人。这种行为让人深思。在封建婚姻观念长期的教育下，人们的是非认定居然空前一致，这种观念，这种态度，反映了我们民族文化心理结构中某些深层的东西。他写田小娥，主要写她生的痛苦、活的痛苦和死的痛苦。

　　族长白嘉轩这个形象的灵感触发，来自陈忠实曾祖父的某些影子。陈忠实听人说，他的做过私塾先生的曾祖父，个子很高，腰杆儿总是挺得又端又直，他从村子里走过去，那些在街巷里在门楼下袒胸露乳给孩子喂奶的女人，全都吓得跑回自家，或就近躲进邻家的院门里头去了。腰杆直，为人严肃，这些形和神的特点后来都在白嘉轩的身上得到了充

分的展示。

田小娥与白嘉轩，反映了人性的两极：感性与理性，人欲与天理。

白鹿原实有其地。它位于西安市东南。原之东南依终南山余脉篑山，原与山隔沟相望；西和南临浐河；东和北依灞河；三面环水，居高临下，西望长安。地质学家认为，此原为亿万年形成的风成黄土台塬。远古时期，这里就是人类居住繁衍生息之地。白鹿原因有白鹿出现而得名。《关中胜迹图志》上关于白鹿原有这样一段记述："在咸宁县东，接蓝田县界。《长安志》：'自蓝田县界至浐水川尽，东西一十五里。南接终南，北至霸川尽，南北四十里。'《三秦记》：'周平王东迁，有白鹿游于此原，以是得名。'《雍录》：'南山之麓，霸水行于原上，至于霸陵，皆此原也，亦谓之霸上。''霸'一作'灞'。"（毕沅：《关中胜迹图志》，张沛校点，三秦出版社2004年版，第36页）北宋年间，大将狄青曾在原上驻军，后世亦称之为"狄寨原"。陈忠实老家祖居就依白鹿原北坡而建，陈忠实自小就在原上拾柴割草，对这里的一草一木都非常熟悉。

1987年，陈忠实完成了长篇小说的构思和结构，计划三年完成。他考虑写两稿，第一稿草稿，拉出一个大架子，写出主要情节走向和人物设置；第二稿正式稿，细致写，精心塑造人物和结构情节，语言上仔细推敲，争取一次完成，几十万字不想写了再修改再抄第二遍。

1988年4月1日，农历戊辰年二月十五，陈忠实在草稿本上写下了《白鹿原》的第一行字。漫长的《白鹿原》创作开始了。当他在《白鹿原》的草稿本上写下第一行字时，"整个心理感觉已经进入我的父辈爷爷辈老爷爷辈生活过的这座古塬的沉重的历史烟云之中了"。

草稿陈忠实写得很从容，坐在沙发上，把一个大笔记本放在膝盖上，

∧《白鹿原》就是在这个小桌上写成的。邢小利摄

很舒服地写，一点儿也不急。7月和8月，因故中断写作两个月。9月再动笔，到次年即1989年的1月，草稿完成，约40万字，实际用了八个月时间。

  1989年4月开始写第二稿即正式稿，这一稿打算用两年完成。他写得很认真，心里也很踏实，因为有草稿在。开始写得还算顺利，写完第十一章，陈忠实遇到了一个坎，不知为什么，第十二章写不下去了。陈忠实说，是"遇到了结构安排上的一个障碍"。此时，已经到了1989年

< 2010年，陈忠实重温当年写《白鹿原》的感觉。邢小利摄

的夏天，天气热了。

陈忠实蛰伏在西蒋村乡下写他的《白鹿原》的时候，中国大地上发生了一些大事。春天，4月15日，中共中央前总书记胡耀邦在北京逝世，终年73岁。

4月中下旬至6月上旬这一段所谓春夏之交的时间，社会上主要是全国一些大城市里轰轰烈烈，而僻处白鹿原北坡下的西蒋村则一如既往，宁静如常。

8月，酷热难耐。陈忠实在西蒋村老屋闷头写作的时候，同乡的青年作家峻里（本名李君利）来看他，说自己老家的窑洞里夏天特别凉快，你热得不行了就去那里写，而且那里偏僻，更为清静。陈忠实感觉此时暑热的程度还能忍受，起码前半天还可以摊开稿纸，便说，眼下还能过去，实在热得熬不住了再看。他是担心换一个陌生环境，如果一时难以适应，进入不了写作状态反而不好。不料几天之后，持续的干旱造成的酷热已不分早晚，屋子里像个大烤炉。他往常发明的在桌子底下放一盆凉水，然后把脚泡在水里降温的办法，现在也不管用了，身上大汗淋漓，汗水顺着胳膊流到了稿纸上，把写好的字都洇湿得漫漶不清了。晚上睡在大门外的露天场地上，仍然汗流不止，难以入睡。《白鹿原》的写作，正在激情状态，难以中断，写到了第十二章，偏遇结构安排不顺，陈忠实心烦气躁，坐卧不宁。他想到峻里家的窑洞，即刻夹着提包渡过灞河，乘远郊公共汽车到一个路口下来，又开始爬坡，一路询问，找到峻里位于骊山南麓当地人称北岭上的村子，浑身衣服早已湿透。因为没有电话，事先也没有打招呼，他推开那扇土打围墙上的木门喊了一声"峻里"，峻

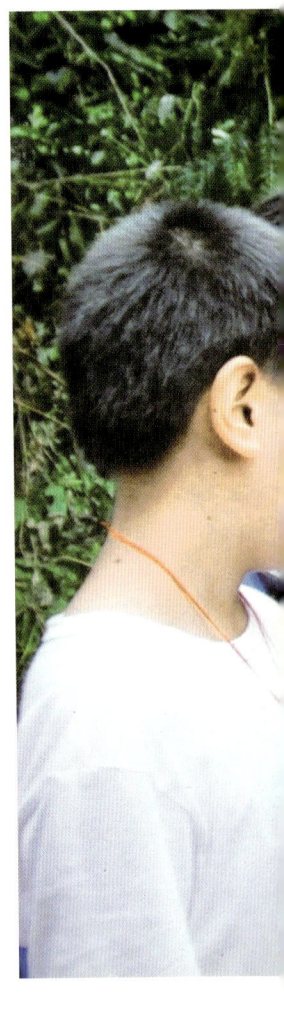

∧ 2002年，陈忠实（右）60岁生日时与畅广元（左）合影　　∧ 2002年，陈忠实（左）与作家从维熙（右）在内蒙古

里从窑里出来看见了他，大呼大叫着把他领进一孔窑洞。刹那间，一股清凉之气袭来，陈忠实当时的感觉是，"有一种天堂般的享受"。

峻里家的农家小院位于一道高高的黄土崖下，依崖凿成两孔大窑洞，峻里一家三口住在西边窑里，东边那孔窑洞长期空着，陈忠实就住在这孔窑里。窑洞里凉快果然凉快，但头天晚上，老鼠极多。陈忠实晚上睡下了，老鼠竟然跑到了脸上。第二天，峻里捉来了一只幼猫，自此再没有了老鼠。与世隔绝的环境，凉爽如天堂般的土窑洞，陈忠实很快便进入了《白鹿原》的情境，大约一周时间，便完成了《白鹿原》第十二章

2004年，陈忠实（中）在陕南山区与孩子们相遇

的创作。

  闲来也与峻里闲逛。有天晚上，听说有一场中国国家队参与的重要的足球比赛，他和峻里跑了很远的路，到峻里山中的一个亲戚家看球赛。山中电视信号不好，他们居然于朦朦胧胧中看完了一场比赛，心满意足，夜半歌啸而回。

  还在峻里老家窑洞写作的时候，这一年政治风波的后续——清查工作开始了。无人知道陈忠实躲在这里创作，也没有电话，家里人只知道陈忠实在乡下写作，具体在哪里，也不清楚，单位急得到处乱问乱找。

陈忠实正沉浸在写作的快意里时，有一天收到了当地公社通信员送来的一纸电话记录，是作家协会通知他到单位开会，特别强调不许请假。当晚，他回到原下溽热难熬的家中，第二天起大早赶远郊公共汽车到作协开会，会议内容是关于政治风波的清查工作。从这天起，同样内容的会一周至少有四次，一直持续到年终，他竟没有时间再上北岭从那孔窑洞拿回他的手稿，后来还是峻里给他送了回来。

从8月下旬到12月底，陈忠实几乎天天骑自行车赶到远郊公交车站，换乘公交车进城开会，晚上又原路返回原下老屋，四个月里再没有揭开《白鹿原》草拟稿的那个笔记本。从酷暑三伏到数九寒冬，白嘉轩、鹿子霖、朱先生、田小娥不知逃遁到哪里去了。

陈忠实必须投入眼前更急迫当然也是更重要的清查工作。他是陕西作协党组成员、副主席，自然进入单位的"双清"（清理和清查在动乱中有错误言行的党员）小组，既要参加单位的"双清"工作，自己也必须就一些问题向组织"说清楚"。

《白鹿原》原计划用两年左右时间写完，实际用了四年。时间耽搁，陈忠实开始还有些着急。后来想，早半年晚半年或者早一年晚一年写完，都没有什么实质性的意义，如此一来，有了对一些问题再审视的从容，反而有利于把已经体验和意识到的东西更充分地展现出来，不留遗憾。心态从容了，也不着急了，他说自己"死心塌地"地进入了后边少半部的写作。

如果把《白鹿原》归入特定的年代，那无论怎么看，它都是20世纪80年代的作品。虽然此作复稿是于1992年1月写完，但这部作品的起根发苗或称孕育是80年代，开始写作的时间也是80年代，《白鹿原》的思想、人物、故事以及艺术上的种种追求都在80年代已然形成。陈忠实本来要在1989年就完成全书创作计划，只是因为80年代的最后时段中国社会发生了重大的历史事件，历史在这里拐了一个弯，耽搁了写作的进度。这里特别强调《白鹿原》是80年代的作品，是因为20世纪80年代的中国与90年代以及以后的中国，很不一样，甚至可以说是完全不一样。概括地说，80年代是一个充满理想精神与创新激情的时代，这种理想精神与创新激情像火山喷发一样，其冲天的烈焰照亮了自1949年以来的历史天空，或者说是自1949年以来郁积已久的种种理想精神与创新激情的一次总喷发。而1989年是一个转折点，此后，这种理想精神与创新激情渐渐冷却，差不多就是《白鹿原》完成以后不久，中国社会开始进入实用主义时代。

80年代与90年代之交，社会思潮是理想主义激情渐渐冷却，实用主义态度兴起并转而代之，这是一个剧烈而复杂的动荡期。陈忠实此刻正在完成他一生中最重要的"枕头工程"，他的心态是复杂的，却也是坚定的。

陈忠实此刻的内心必定也是剧烈动荡而复杂的，他不能不面对当时剧烈变化而复杂难辨的社会现实。

在这个时段，他给一些信得过的好友写过很少的几封信，在谈其他事情的同时，偶尔也透露了他当时对一些问题特别是他写作《白鹿原》的一些想法和所持的态度。

1989年10月2日，陈忠实写信给峻里。写此信时，正是陕西作协"双清"工作的严峻阶段。陈忠实在这封信中本来主要是谈他给峻里办的一件私事，由于是至交，峻里也一直真诚地关心着他的创作，他就在信

∧ 1990年代，陈忠实在省作协办公室

中谈及正在写作的《白鹿原》。陈忠实说，他现在无法进入写作的"心境"。又说，"我已经感觉到了许多东西，但仍想按原先的构想继续长篇的宗旨，不作任何改易，弄出来再说，我已活到这年龄了，反来复去经历了许多过程，现在就有保全自己一点真实感受的固执了。我现在又记起了前几年在文艺生活出现纷繁现象时说的话：生活不仅可以提供作家创作的素材，生活也纠正作家的某些偏见。那时是有感而发，今天回味更觉是另一种感觉"。仔细体味这段话，内涵丰富。其中"我已经感觉到了许多东西，但仍想按原先的构想继续长篇的宗旨，不作任何改易"和

"咋叫咱把事给弄成了！"

< 1990年，写作《白鹿原》时的陈忠实

< 1990年代后期，陈忠实（左）与邢小利（右）在渭水园度假村

"现在就有保全自己一点真实感受的固执了"，非常明确地表明他将坚持他的创作初衷，完全是一种孤注一掷、背水一战的决绝态度。陈忠实早年创作的一个重要特点，就是追随时代风潮特别是时代的政治风潮。而现在，"我已活到这年龄了，反来复去经历了许多过程，现在就有保全自己一点真实感受的固执了"；"生活不仅可以提供作家创作的素材，生活也纠正作家的某些偏见"。这些话，都是来自他生命体验的肺腑之言。

这些话，也足以证明《白鹿原》是80年代的作品。《白鹿原》不仅在思想、人物和故事上，而且其全部的精神与气质，都是80年代的。

△ 2008年12月20日，陈忠实与贾平凹、雷抒雁等亮相西安"大学教育与西北大学作家群现象学术研讨会"，并且集体为贾平凹题写的"作家摇篮"揭幕。尚洪涛摄

《白鹿原》是中国20世纪80年代文学精神和气质最后的闪耀和谢幕。

历时四年，1991年深冬，在陈忠实即将跨上50岁这一年的冬天，小说中白鹿原上三代人的生的欢乐和死的悲凉都进入了最后的归宿。陈忠实在这四年里穿行过古原半个多世纪的历史烟云，终于迎来了1949年。白鹿原解放了，书写《白鹿原》故事的陈忠实也终于解放了。这一天是农历辛未年十二月二十五，公元1992年1月29日。写完以鹿子霖的死亡为最后结局的一段，画上意味深长的省略号，陈忠实把笔顺手放到书桌和茶几兼用的小圆桌上，顿时陷入一种无知觉状态。久久地，他从小竹凳上欠起身，移坐到沙发上，似乎有热泪涌出。仿佛从一个漫长而又黑暗的隧道摸着爬着走出来，刚走到洞口看见光亮时，竟然有一种忍受不住光明刺激的晕眩。

傍晚的时候，陈忠实到灞河滩上散步，胡乱走着，一直走到了河堤尽头，然后坐在那儿抽烟。冬天的西北风很冷，腿脚冻得麻木，他有了一点恐惧感，这才往回走。半路上，又坐在河堤上抽起烟。突然间，他用火柴把河堤内的枯草点着了，风顺着河堤从西往东吹过去，整个河堤

"咋叫咱把事给弄成了!"

2012年,陈忠实(中)与作家陈世旭(右二)、刘兆林(右一)、编辑家何启治(左二)、评论家白烨(左一)在白鹿书院谈天说地

内的干草哗啦啦烧过去,那一刻,他似乎感觉到了一种释放。回家以后,他又把所有房间所有的灯都打开,整个院子都是亮的。村子里的乡亲以为他家出了什么事,连着跑来几个人问。陈忠实说:"没事。就是晚上图个亮。"

陈忠实有一个习惯,个别重要的或有创意的作品写成后,会让周围熟悉的文学朋友看一看,把握一下成色。《白鹿原》写成后,他复印了一份,手稿交人民文学出版社的高贤均和洪清波拿走,复印稿让陕西作协的评论家也是他的朋友李星看一看,给他把握一下成色。当时的复印机还很少,他托灞桥区文化馆和雁塔区文化馆两位朋友,一家复印了一半,才把厚厚一部《白鹿原》的稿子复印完。复印稿交给李星之后十来天,估计李星应该看完了,有一天早上,他专程从乡下进城,想听听李星的意见。陕西作协的家属楼在作协后院,是一座1980年代初建的简易楼。陈忠实进入家属院,拐过楼角,正好看见李星在前边走着,手里提着一个装满蔬菜的塑料袋。他叫了一声:"李星!"李星转过身,看到是陈忠实,却没有说话。陈忠实走到跟前,李星只说了句:"到屋里说。"陈忠实看李星黑着脸,没有平时的笑模样,感觉大事不妙。李星前头走着,陈忠实后边跟着,从一楼上到顶层五楼李星的家,李星居然一言不发,陈忠实一颗吊着的心此时沉到了底。进了家门,李星先把菜放到厨房,依旧头也不回地径直走到他的卧室兼书房,陈忠实又跟着进了门。这时,李星猛然拧过身来,瞪着一双眼睛,一只手狠劲儿地击打着另一只手的掌心,几乎是喊着对陈忠实说:"咋叫咱把事给弄成了!"

  李星情绪很激动,也顾不上让陈忠实坐,自顾自在房子里转着圈子边走边发表自己的阅读感受和看法。陈忠实跟在李星后头,爬上李星家五楼的时候,心先是吊着,后是沉着,等到听了这一句"咋叫咱把事给弄成了",一种巨大的惊喜如潮水般冲击而来,一时倒僵硬在那里,一动不动。李星后来说了些什么,他一句也没有听进去,脑子里只盘旋着那一句最结实的话:"咋叫咱把事给弄成了!"

  有这一句就够了,足以说明所有问题了。

21 /《白鹿原》的出版

如果走不出白鹿原,就写不出《白鹿原》。

——陈忠实《网上夜话》

1992年2月下旬，陈忠实给人民文学出版社的何启治写信，告诉他《白鹿原》的写作已经完成，修改也将于近期完成，稿子是送到北京还是出版社派人来取，请何启治定夺。

　　二十年前的1973年，身为人民文学出版社分管西北片的编辑何启治，在读了陈忠实的短篇小说《接班以后》，就向陈忠实约过稿子，又在《当代》杂志1984年第4期编发了陈忠实的第一个中篇小说《初夏》。两人二十年来互相惦记，联系不断。

　　在等待出版社回音的间隙里，他开始慢慢地修改《白鹿原》。

　　《白鹿原》的前途命运如何，这时的陈忠实心中并没有底，或者说，信心并不很足。3月7日，他在致好友李下叔的信中这样说："我还在乡下，长篇到最后的完善工作，尚需一些时日。当然，编辑看后的情况尚难预料，我不乐观，所以也不急迫。正是您说的'挖祖坟'的题旨，您想想能令人乐观起来吗？"（李下叔：《捡几片岁月的叶子——我所知道的〈白鹿原〉写作过程》，载《当代》1998年第4期）

　　这个时候的何启治，担任人民文学出版社《当代》杂志的常务副主编，他收到陈忠实的信后，交给当时主持工作的人民文学出版社副总编辑朱盛昌等人传阅。人民文学出版社分管西北片的编辑是周昌义，但是周昌义1986年在西安拿到路遥《平凡的世界》第一部稿子，没有读完就自作主张退掉了，从而错失了一部茅盾文学奖作品，有此前车之鉴，周昌义也因故推托。（参见周昌义、小王：《〈白鹿原〉复生和〈废都〉速死》，载《西湖》2008年第2期）大家商量后决定，派人文社当代文学一编室（主管长篇小说书稿）的负责人高贤均和《当代》杂志的编辑洪清波一起去拿稿，并提醒他们不能轻易表态，不能轻易否定这部长篇小说。

∧ 中年的陈忠实

∧ 1990年代，陈忠实（右）与母亲在建国路陕西省作协家属院

3月下旬的一天，高贤均和洪清波离京到西安，到达西安的这一天是3月23日。二人这次出差的主要任务，是去成都看邓贤的长篇纪实文学《中国知青梦》，顺便到西安把陈忠实的稿子拿回。

陈忠实还在乡下，何启治把高、洪二人所乘火车的车次告知作协陕西分会，作协办公室的人又把电话打到陈忠实所在的乡镇，由乡镇通信员把电话记录送到陈忠实手里。陈忠实一看，高、洪二人所乘火车到西安的时间是西安天亮的时候。刚看完电话留言，村子里的赤脚医生扶着陈忠实的母亲走进了院门，说老人血压升高，到了危险之数。陈忠实扶着母亲躺到床上，医生给挂上了输液瓶。母亲贺小霞这一年77岁，就此瘫痪在床，陈忠实侍奉左右。夜里，忽然下起了大雪，地上积雪足有一尺之厚。想着要接远方的客人，天不明陈忠实便起身，请来一位乡党照看母亲，这才出了门。积雪封路，他只能步行，走了七八里赶到远郊汽车站，搭乘头班车进城。高、洪二人走出车站时，陈忠实已经迎接在车站门口。把二位贵客带到建国路作协陕西分会招待所住下，安排好食宿，陈忠实说稿子还有最后的三四章需要修改，请两位编辑安心休息两天。他又赶回原下老屋，一边修改书稿，一边管护输液的母亲。

陈忠实安排高、洪两位编辑住下的时候，还留给他们几本自己的旧作，似乎是让他们闲时翻翻，一是消磨时光，二是了解一下自己的创作情况。洪清波后来回忆说："接下来的三天，是我们出差史上最无聊的三天。"（洪清波：《先睹为快》，载《当代》2016 年第 4 期。本文所引洪清波回忆的出自此处）陈忠实虽然安排作协的同志陪着他俩吃饭逛景点，但两位编辑感觉失去了进一步了解陈忠实特别是其长篇新作的机会，一切就都味同嚼蜡。洪清波回忆："后来高贤均索性推辞了一切活动安排，说是要研读老陈既往的作品。记得老陈的作品集真不少，现在还有印象的是《四妹子》和《蓝袍先生》。读了一天作品，我俩面面相觑，但都明白对方的意思了。"后面这一句话，意味含蓄但很明显，他俩对陈忠实这些作品评价不高。洪清波接着说："当然，我们担心的并不是这些作品，而是那篇至今神秘兮兮的长篇。"这话说得分明：他们对"那篇至今神秘兮兮的长篇"有些"担心"。

第三天，这一天陈忠实说自己记得很清楚，是公历 3 月 25 日。早晨他提着《白鹿原》的手稿赶往城里。在客人所住的房间里，他把近 50 万字的厚厚一摞手稿（手写稿。陈忠实自己留的是复印件。《白鹿原》出版后手稿又退还给陈忠实）准备交给两位编辑。那一刻，突然有一句话涌到口边："我连生命都交给你俩了。"但他把这句话硬是咽了下去。他没有因情绪失控而任性。他意识到，这种情绪性的语言会给高、洪造成压力，甚至还不无胁迫的气味，便打住了。从事创作多年，他明白，出版社出书，只看作品的质量，不问其他。接稿子的是洪清波，他看陈忠实

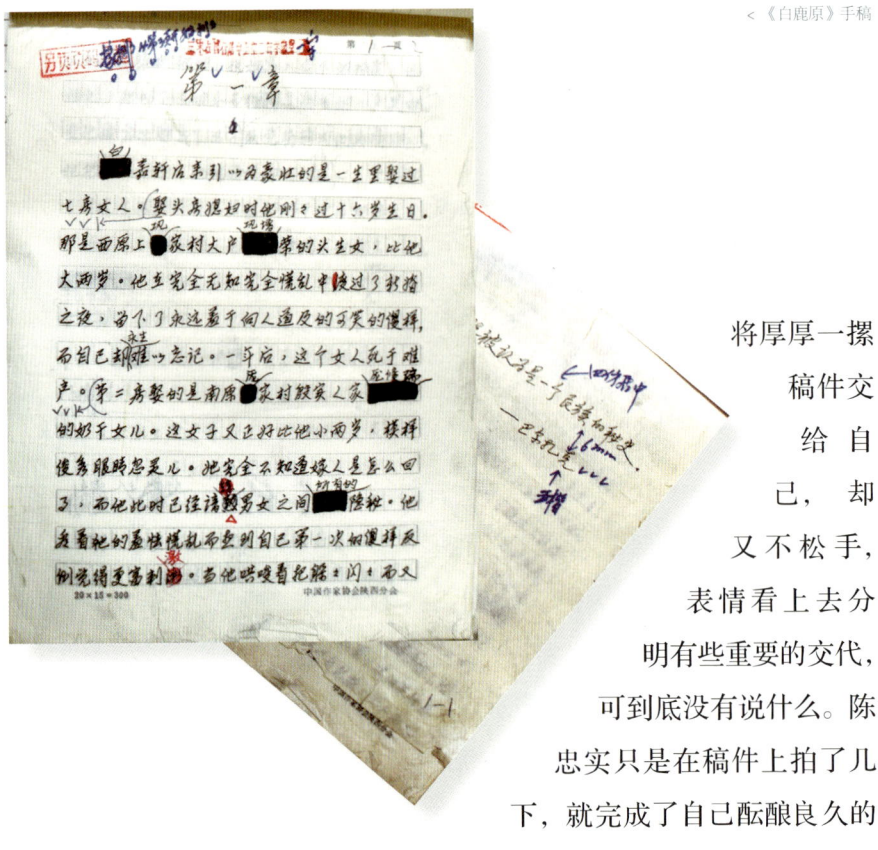

<《白鹿原》手稿

将厚厚一摞稿件交给自己，却又不松手，表情看上去分明有些重要的交代，可到底没有说什么。陈忠实只是在稿件上拍了几下，就完成了自己酝酿良久的交接仪式。

中午，陈忠实请两位编辑在金家巷作协后院的家里吃午饭。在饭馆吃饭，陈忠实这时还没有经济实力。夫人王翠英尽其所能，给客人做了一顿头茬韭菜馅的饺子。陈忠实回忆说，两位编辑很随和，连口说饺子好吃。很多年后，洪清波却回忆说：陈忠实"那天请我们吃了什么，一点印象都没了。没印象就说明老陈为接待我们，付出了巨大的努力。为了写《白鹿原》，老陈家的经济濒临破产。用老陈的话就是，那阵子他不怕请客，就怕客人吃不下家里的饭。"吃了什么没有印象，但洪清波对陈忠实家的经济情况感受颇深。"我对老陈家的宴请没有印象，可是对他家的印象太深刻了。一个副厅级的作协副主席，家里的状况可以诠释一句成语：家徒四壁。我吃饭时只记得房间墙角里散乱堆了些空啤酒瓶，这是我看到老陈家唯一能与现代社会接轨的标志物。当时全国人民都不富裕，但像老陈家这种情况的还是令人唏嘘。"

《白鹿原》的出版

> 《白鹿原》手稿

　　下午，送两位编辑去火车站。天黑时，陈忠实又赶回乡下老屋，先看卧床的母亲。母亲说，腿可以动了。陈忠实心里一块石头落了地，不由慨叹，在他完成最后一笔文字并交稿的这一天，天灾人祸竟然都来凑热闹了。现在好了，《白鹿原》的手稿由高、洪带走了，母亲的病也大有转机。他点了一支烟，感觉到了一种前所未有的轻松。

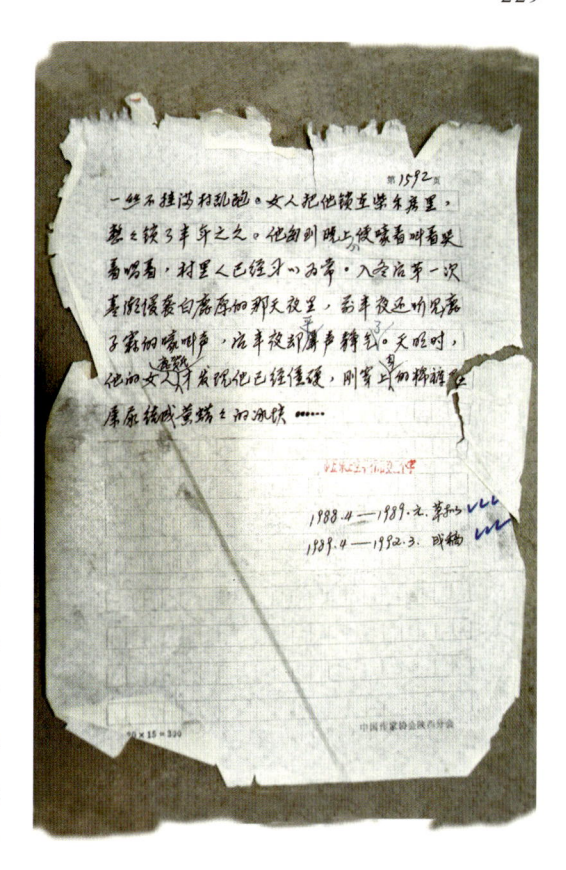

　　3月31日早上，陈忠实按习惯收听中央人民广播电台的新闻广播，突然听到邓小平南行讲话的报道。邓小平在南方谈话中指出：不坚持社会主义，不改革开放，不发展经济，不改善人民生活，就没有出路。革命是解放生产力，改革也是解放生产力。改革开放的胆子要大一些，敢于试验，不能像小脚女人一样。看准了的，就大胆地试，大胆地闯。听了邓小平南行中关于要继续坚持改革开放的讲话，陈忠实感到很振奋，同时，他敏感地意识到，中国思想文化的春天也将随着自然界的春天一起到来了，《白鹿原》的出版也有望了。

　　大约二十天之后，陈忠实再次进城去背馍。进门以后，陈忠实按往常的习惯随意问妻子，外边寄来的信件在哪儿放着。妻子随意地说在沙发上。他过去翻检了一下，看到一个寄信地址是"人民文学出版社"的信封，不禁一愣。拆开信先看最后的署名，竟然是高贤均！陈忠实一瞬间感到头皮都绷紧了。陈忠实回忆说:"待我匆匆读完信,早已按捺不住,从沙发上跃了起来,噢唷大叫一声,又跌爬在沙发上。"(陈忠实:《寻找属于自己的句子》,上海文艺出版社2009年版,第158页)这是一个人一生中很难遇到一回的激动时刻,他在另一处是这样回忆的:"这是一封足以使我癫狂的信。他俩阅读的兴奋使我感到了期待的效果,他俩共同的评价使我战栗。我匆匆读完信后噢噢叫了三声就跌倒在沙发上,把在他面前交稿时没有流出的眼泪倾溅出来了。"(《陈忠实〈白鹿原〉曾风行全国 至今仍在畅销》,载《新京报》2009年7月20日)叫了一声还是三声,陈忠实当时肯定并没有数,所以说法不同并不奇怪,他只是在那一刹那间把在心底憋了很多也很久的块垒一下子倾泻而出,流出眼泪自然也很正常。

听到这一声惊叫,王翠英吓得从厨房跑过来,急问出了什么事。陈忠实在沙发上缓了半晌,才算缓过气来,给妻子报了喜讯。稍稍平静,他又忍不住细读来信。

高贤均说,他和洪清波从西安坐上火车便开始读稿,一读便放不下手,两人轮流着读;成都的事忙完,两人也都读完了;回到北京,由他综合两人的意见给陈忠实写了这封信。

洪清波后来回忆这段经历更为详细。他说,在西安等拿《白鹿原》稿子的三天"是我们出差史上最无聊的三天",因此,当他和高贤均离开西安"登上开往成都的火车,我们无比轻松"。从西安到成都有十几个小时的车程,只是为了打发这百无聊赖的时间,洪清波并没有多少信心地开始阅读《白鹿原》手稿。"结果,是地球人都可以预料得到的。"洪清波显然还没有全部看完,但职业经验使他对这部作品已经有了相当确定

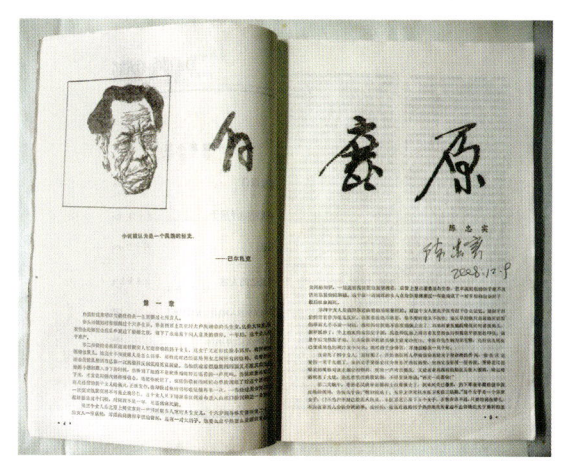

∧ 刊发《白鹿原》上部的《当代》杂志　∧《当代》杂志刊发的《白鹿原》
1992年第6期刊影

的看法。他"拿了看过的稿子找到高贤均，顶着他疑惑的神情，向他保证这是货真价实的先睹为快"。洪清波记述："果然，到了下火车的时候，高贤均就变得不那么淡定了，只要有时间就跟我开聊读后感。我都担心这样会让不明就里的四川作家朋友感到我们的移情别恋了。确实，以往看邓贤初稿的标配是，白天看稿谈稿，晚上一票作家朋友，在来了就不想离开的城市里声色犬马。而这次，白天看稿谈稿依旧，晚上高贤均要求邓贤不要有任何安排，说是回宾馆看《白鹿原》。作家裘山山后来写过这段反常，那是在《白鹿原》成功之后。我们的四川作家朋友们，一起经历了这一见证奇迹的历史时刻。""回到北京，高贤均和我分别走出书和出刊的三审程序，依旧是一路盛赞。"

陈忠实后来回忆说，"让我震惊到跃起又吼喊的关键，是他（笔者注：指高贤均）对《白》的概括性评价。他的评价之好之高是我连想也不敢想的事。"笔者认为，高贤均这封信非常重要，这是《白鹿原》的第一个白纸黑字评价，又是陕西文学圈之外的第一个评价，相对来说可能更为客观一些。笔者看到陈忠实在不同的地方，对这封信有着大同小异的转述，但都觉得转述不如原信来得准确和更有力量，曾向陈忠实说想看这封信，想引用原信。陈忠实说他找找，过了几天，说没有找到，可能还在乡下什么地方放着，有机会得慢慢找。笔者不好再催，只是觉得

∧ 人民文学出版社"新中国60年长篇小说典藏"《白鹿原》书影

∧ 人民文学出版社"中国文库"《白鹿原》书影

∧ 人民文学出版社《白鹿原》初版本书影

遗憾。有一天，忽然看到了《当代》编辑周昌义的一个长篇对话，其中引用了高贤均当年读了《白鹿原》手稿后的一个评价，话是这样说的：

老周：其实，《白鹿原》手稿复印件（笔者注：应为原稿）递到清波和小高手上的时候，好运就开始了。他们在火车上就开始翻，到了成都，在和邓贤谈《中国知青梦》的间隙，就把稿子看完了。还没回北京，感受就传回来了。

小王：怎么说的？

老周：开天辟地！（周昌义、小王：《〈白鹿原〉复生和〈废都〉速死》，载《西湖》2008年第2期）

"开天辟地！"这是高贤均读了《白鹿原》手稿后传回北京人民文学出版社的评价，四个字，却有千钧之力。

多年以后，笔者偶然得知陕籍在京的评论家白烨手中有陈忠实给他的高贤均此信的复印件，即向白烨要来此信复印件的复印件。原信照抄如下：

老陈：

您好！

我们在成都待了十来天，昨天晚上刚回到北京。在成都开始拜读大

∧《白鹿原》日文本书影　　　　　　　　　　　　　　　∧《白鹿原》法文本书影

作，只是由于活动太多，直到昨天在火车上才读完。感觉非常好，这是我几年来读过的最好的一部长篇。

犹如《太阳照在桑干河上》一样，它完全是从生活出发，但比《桑干河》更丰富更博大更生动，其总体思想艺术价值不弱于《古船》，某些方面甚至比《古船》更高。《白鹿原》将给那些相信只要有思想和想象力便能创作的作家们上一堂很好的写作课。衷心祝贺您成功！

出书我看是不成问题了。责任编辑是刘会军，也是您认识的。关键是《当代》。我将向朱盛昌、何启治建议分二期全文刊载。洪清波与我看法完全一致，他会在《当代》尽力鼓吹。

先简单写几行字，以解悬望。《当代》方面一有消息即告。如见到田长山、小阎请代为问候。问您夫人好，感谢你们的热情接待。

握手！

高贤均

4月16日

难怪陈忠实读信之后在沙发上又是跃又是伏的，又是吼又是叫的。陈忠实难得有这样的性情表现。这里，既有类似十年寒窗苦一朝登金榜的欣喜若狂，也有千里马遇到了伯乐、俞伯牙遇到了钟子期那样的欣慰。

陈忠实在平静下来之后，对妻子王翠英说："可以不去养鸡了。"

∧ 2012年9月，在北京参加"《白鹿原》出版20周年庆典暨纪念版、手稿版揭幕仪式"活动，陈忠实（右二）与人民文学出版社编辑何启治（左二）以及其他年轻编辑合影。邢小利摄

　　随后，陈忠实收到了何启治的来信，信中充满了一个职业编辑遇到百年等一回的好稿子之后的那种兴奋和喜悦。何启治强调，作品惊人的真实感，厚重的历史感，典型的人物形象塑造和雅俗共赏的艺术特色，使《白鹿原》在当代文学史中必然处在高峰的位置上。因此，出版社一致认为，应该给这部作品以最高的待遇，即在《当代》杂志连载，并由人文社出版单行本。

　　1993年6月，《白鹿原》单行本正式由人民文学出版社出版。第一次印数是14 850册。这是一个有整有零的数字。这个数字在当时的文学市场已经是一个不小的数字，但是在事后看来，还是显得相当保守。这充分反映了当时的文学市场情况。当时的文学市场总体上相当萧条，小说作为最贴近大众的一种文学体裁，市场境况也相当冷落。作家甚至是名作家的小说集征订数很少甚至没有征订数是很正常的情况，长篇小说

∧ 2012年，何启治（右）到白鹿书院讲学，与陈忠实（左）在书院上林春合影

相较于中短篇小说集，市场可能略微好一些，但总体上也是很不景气。以陈忠实自己来说，他此前出过五本小说集，第一本太早不论，第二本《初夏》，中篇小说集，上海文艺出版社1986年出版，印数是3 400册；第三本《四妹子》，中篇小说集，中原农民出版社1988年出版，印数是5 460册；第四本《到老白杨树背后去》，短篇小说集，陕西人民教育出版社1991年出版，印数是4 600册；第五本《夭折》，中篇小说集，陕西人民出版社1992年12月出版，印数只有1 000册。其中，《四妹子》和《夭折》没有稿费，是出版社以书抵的稿费。我们再来看路遥的《平凡的世界》，该书由中国文联出版公司出版，第一部1986年12月出版，印数是19 400册；到了1988年4月第二部出版时，平装本印数只有9 100册，精装本印了895册，总共不到10 000册。所以，《白鹿原》能印14 850册，陈忠实已经很高兴了，而出版社则认为还多少冒了一些风险。

据《当代》杂志编辑周昌义说,《白鹿原》在新华书店第一次征订的数量只有 800 册,数量如此之少,但还是大胆地印了 14 850 册。(周昌义、小王:《〈白鹿原〉复生和〈废都〉速死》,载《西湖》2008 年第 2 期)

22 / 《白鹿原》解读

> 我和当代所有作家一样，也是想通过自己的笔画出这个民族的灵魂。
>
> ——陈忠实《关于〈白鹿原〉与李星的对话》

△ 1999年，陈忠实在作协办公室。白阿莹摄

　　陈忠实创作的第三个时期，是《白鹿原》的写作，时为1987年至1992年。这个时期的陈忠实已年过不惑，接近天命，是他生活、思想和艺术积累已经相对成熟，同时也是精力最为旺盛、思维最为活跃、艺术创造力最为丰富的一个生命阶段。《白鹿原》的准备、构思与写作，是陈忠实创作方向的一个最大转折，他从二十多年来一贯关注的现实转向了历史。他的艺术聚焦，是从家族关系入手，从人与文化角度切入，触及社会特别是农村社会的生产方式、经济活动、教育理念与方法以及政治关系等关乎人的生存的各个方面，深刻透视传统中国宗法社会数千年传承下来的人的生活方式、生存态度和生存之道，展现传统的宗法社会和乡规民约在时代暴风雨的击打中所发生的深刻嬗变，家族的嬗变，人性的嬗变，人心的嬗变。并从这嬗变中，透视社会演变的轨迹和历史深层的文化脉动。

　　《白鹿原》展示的是中国两千多年皇权社会崩溃之后，新的社会秩序将建而未建，白鹿原这个乡土社会历经军阀混战、革命、灾荒、瘟疫、抗日、内战、新中国成立等历史巨变和各种天灾人祸，农村社会的历史图景和农民生活的变迁，重在展现农村两代人在时代巨变面前精神与人格的守与变。地主白嘉轩、鹿子霖，长工鹿三，乡村贤哲朱先生，以全新的面目出现于文学史画廊，每一个人都具有深刻的历史文化内涵；浪子黑娃、白孝文，荡妇田小娥，追求新的社会理想的鹿兆鹏、鹿兆海和白灵，无不体现着鲜明的时代特征。在历史进行深刻转变的时期，这些从传统深处走来的老少人物，有的继续努力恪守传统的生活观念和人格理想，有的受时代感召，或追逐时代的步伐或被时代的车轮驱裹，其凌乱的人生履痕，其复杂多变的命运，揭示了民族的传统观念和人格精神在现代文化背景中的深刻矛盾和裂变，展示了一个民族从传统迈向现代的历史轨迹和心理行程，触及了中国近现代半个世纪历史行程中的深层矛盾和历史搏动。《白鹿原》是一部史诗般的巨作，它超越了简单的阶级斗争模式，突破了狭隘的政治斗争视域，以幽深的文化眼光打量历史行程中的各色人物，以宽阔的历史视角观照波澜壮阔的历史进程。

《白鹿原》的主旨是探寻民族的文化心理，进而探求民族的命运和前途。《白鹿原》中的主要人物大致分属父与子两代人，父辈人物总体上沿袭着传统的人生观念和生活方式，子一辈多为叛逆，他们在趋时和向新的历史风潮中和个人的命运转换中逐步完成了自己的人格形象。父一代是"守"或"守"中有"变"的农民，白嘉轩、鹿三等人是"守"，鹿子霖是"守"中有"变"；子一代是"变"——或反叛，或革命，如鹿兆鹏、鹿兆海、白灵、黑娃、白孝文等，或者在"变"中又趋于"守"的农民，如黑娃。一"守"一"变"，"守"中有"变"和"变"中趋"守"，生动而准确地反映了清末以至民国再至新中国成立这一历史时期的生活巨变和人心嬗变。

△ 2010年9月，陈忠实（右四）在灞桥区郭李村，与众友聚谈。1989年8月，曾在这里的一孔窑洞写《白鹿原》之第十二章。邢小利摄

　　父辈人物是从历史深处走来的，他们的身上带有几千年封建社会的精神遗存。子辈人物则延伸到历史的未来，即使有些人物死了，如黑娃等，但他们在这个转变时代所完成的人生命运和所形成的人格态度，都凝聚成了一种精神，所谓精神不死，伸展到未来，活到了今天。

　　小说中的核心人物是白嘉轩。陈忠实曾说，白鹿原就是白嘉轩，白嘉轩就是白鹿原。这是一个真正意义上的中国农民，地主——土地的主人，也是中国最后的乡绅，在他之后，乡绅在中国农村绝灭。白嘉轩的身上继承了几千年来传统中国农民的本质特征。他是非常现实也务实的人，注重现实的世俗生活，没有不切实际的空想，换句话说，没有浪漫情怀。他所在的白鹿原的生活环境和文化氛围，主体是儒家的思想文化，在这样的生存环境中耳濡目染，又接受了来自朱先生的儒家思想和伦理观念的教化，他终生服膺儒家的思想和精神，恪守儒家的生活理念和做人理念，以儒家思想正己治家。他是家长也是族长，他的整个人生理想和目标，一是做人——"仁义"之人，二是治家——白家一家和白、鹿两个大家族，实际上就是白鹿村整个村子，这也就是儒家所说的"修身"和"齐家"。

在白嘉轩之上，是整个白鹿原的灵魂人物朱先生，白鹿书院的山长，一个传统的读书人、士，这是中国最好也是最后的先生。朱先生是白嘉轩的精神导师和生活的指路人。白嘉轩则是朱先生思想和精神的实践者。朱先生是白鹿原的精神文化象征，他的思想渊源是儒家，具体到他的身上，则是儒家思想的变相——理学，理学中的关学一脉，关学强调"通经致用""躬行礼教"。这样一种实践理性非常契合白嘉轩们的生活实践和生命实践，对于白嘉轩这样的农民和族长特别有现实的指导意义，被他们易于和乐于接受并且深刻地掌握。

鹿三是白嘉轩这个地主东家的长工，他是中国最后也是"最好的一个长工"。鹿三与白嘉轩构成了中国传统社会中一对重要的关系，这就是主子与奴仆的关系。鹿三忠厚、善良，也非常执拗。拗在两个字："忠"与"义"，这也是传统封建社会所强调的奴才对主子的忠与义。

鹿子霖也是中国传统农民、地主的一个典型人物。这个人物与白嘉轩性格相反但却能成为一个互补的形象。白嘉轩做人行事，遵循的是内心已然形成的信念和意志；而鹿子霖行事做人，则是依照现实的形势，这是一个能够迅速判断时势也能够很快顺应时务的乡村俊杰。

千百年来，中国的乡村社会，主要的核心人物就是由白嘉轩和鹿子霖这两种人物构成，一个坚守先贤的遗训和内心的原则，一个观风看云不断顺应时势的变化，一静一动，动静冲突又结合，构成了一部激荡而又稳定的中国历史。白嘉轩和鹿子霖都是白鹿原上仁义白鹿村的精明人和权威人物。从传统文化看，白嘉轩与鹿子霖构成了一种反对的关系，白嘉轩是"我"，鹿子霖是"非我"；白嘉轩是人的正相，鹿子霖是人的反相。黑娃、白孝文则是人的变相。白嘉轩与鹿子霖在中国历史和文化

∧ 2010年5月，灞河边，看中央电视台为陈忠实摄制的纪录片影像。邢小利摄

《白鹿原》解读

∧ 2010年10月,天津,陈忠实(中)与作家赵玫(左)、任芙康(右)。邢小利摄

∧ 2010年10月,天津,陈忠实(右)在海洋馆与诗人舒婷(左)看鱼。邢小利摄

< 2012年9月，在北京参加由人民文学出版社和中国人民大学文学院共同举办的"《白鹿原》出版二十周年庆典暨纪念版、手稿版揭幕仪式"。邢小利摄

v 2012年9月，在北京参加"《白鹿原》出版二十周年庆典暨纪念版、手稿版揭幕仪式"活动，陈忠实（左）接受中国人民大学领导赠送的中国人民大学礼盘。邢小利摄

∧《白鹿原》电视剧白家全家福

中都具有原型的意义。

　　黑娃和白孝文是小说中两个性格最为鲜明的叛逆形象。前者先由一个淳朴的农家子弟变为"土匪",再由一个"土匪坯子"变为真心向学的儒家门徒,并发誓"学为好人";后者由族长传人堕落到不知羞耻,再变而为残杀异己毫不手软的冷酷之徒,他们性格的发展和变化,都包蕴着丰富而复杂的时代内涵和历史文化内涵。鹿兆鹏、鹿兆海和白灵等人,皆为一个时代的有志青年,他们不愿意依照父辈预设的生活方式去生活,他们是时代的英才,追求远大理想,忠诚,热情,有献身精神,但他们后来各自的命运,如鹿兆鹏的失踪、鹿兆海的死于内战、白灵的被活埋,既是深刻的个人悲剧,也都深刻地触及了中国近现代半个世纪历史行程

∧《白鹿原》电视剧海报，左为张嘉译扮演的白嘉轩，右为何冰扮演的鹿子霖

中的深层矛盾和历史搏动，具有深广的社会内涵。

田小娥是《白鹿原》中分量最重的一个女性人物形象，不像其他的女性人物基本是单一的性格，她的性格因为出身和经历，丰富而复杂。白鹿原上的仁义白鹿村，是一个完整自足的乡土社会，乡土社会该有的应有尽有，一切皆备，文化更是自成体统，渊源有自。对于白鹿村来说，田小娥则是一个不受欢迎的外来者，是一种异己的文化和力量，淫邪的代表。田小娥出身于一个穷秀才家庭，嫁一年迈的郭姓武举人做小妾，与黑娃私通，被人休弃，又被黑娃带到白鹿村，却不被礼法森严的宗族接受。她的命运如水就势，黑娃跑了之后，她先是屈从于鹿子霖，然后又听从鹿子霖的教唆，拉白孝文下水以报复白家，后被忠于白家的鹿三杀害。田小娥的悲剧，既是性格的命运的，也是文化的和生活的。她既

> 《白鹿原》电视剧中，李沁扮演的田小娥

是一个孤苦无助的可怜人，也是一个想法"活人"的反叛者，她对正常人性和生活的追求具有合理性，她为复仇引诱白孝文堕落，又为社会伦常所不容。她一心想像人一样活着，可怜她最无助，所以备受损害与侮辱，给白鹿原和整个世界留下了一下巨大的问号。田小娥不仅是一个独立的艺术形象，还是一位具有结构作用的人物，是她给仁义白鹿村带来了一种异样的气味，是她把黑娃、鹿子霖、白孝文以及白嘉轩和鹿三几个本来各是各的男子串联起来并结构成为一种复杂的矛盾关系。

《白鹿原》中所展现的历史巨变有两个方面。一个方面，是传统亦即"旧"（思想、文化、道德、习俗等）的消亡史，是中国两千多年的封建宗法制度和礼教，包括传统文化、传统人格的魅力和美，以及腐朽，在最后的几十年里如何崩溃和瓦解。小说中老一辈的人物，如最后最好的

∧《白鹿原》电视剧中，杨皓宇扮演的冷先生

先生，最后最好的乡绅，最后最好的长工，都深刻地体现了这一点。这是一曲深沉哀婉的送别"旧"的挽歌。"皇帝死了"以后，新社会新制度新思想新文化的诞生仗着"革命"的名义一路向前。在这个历史的洪流中，传统文化和传统人格在各路英雄纷乱的"革命"的刀枪之下和历史巨轮的碾压之下，或坚守或挣扎，或转型或崩溃。另一方面，是"新"（思想、文化、道德、习俗等）的诞生史和成长史。小说中新一辈的人物，无论是坚定不移的共产党人鹿兆鹏和矢志报国的国民党人鹿兆海，无论是由"好人"变为"坏人"的白孝文，还是由"土匪"学为"好人"的黑娃，包括坚持上新学、抗拒包办婚姻的白灵，他们的革命行为或反叛行为，也都深刻地体现了这一点。传统社会是耕读传家，耕解决的是生存问题，是人与赖以为生的土地的关系；读是读圣贤书，解决的是思想和精神的问题，是人之所以为人的问题，是子孙万代精神承续的问题。《白鹿原》以新旧两代生动的人物画卷，艺术地展现了以耕读传家为命脉的农业社会、农耕文明在新时代暴风雨冲击中的崩塌过程和深刻嬗变，为读者提供了多向度思考的文本。

23 / 持续二十多年的火与热

> 作家毕其一生都在寻找属于自己的句子。因为小说创作是以个性为标志的劳动,没有个性就没有文学。
>
> ——陈忠实《寻找属于自己的句子》

1998年，陈忠实（左）与画家范曾（右）

< 范曾读《白鹿原》诗札

令陈忠实惊喜而令出版社意外的是，《白鹿原》的销售异常火爆。

《白鹿原》在《当代》刊出后，在文学界和广大读者中引起了轰动。何启治回忆，音乐家瞿希贤的女儿在法国学美术，她在《当代》上看到《白鹿原》上半部之后，委托父亲找到了人文社前总编屠岸，寻找《白鹿原》的下半部。1994年秋天，画家范曾在法国巴黎读了《白鹿原》，"感极悲生，不能自已，夜半披衣吟成七律一首"，称《白鹿原》为"一代奇书也，方之欧西，虽巴尔扎克、斯坦达尔，未肯轻让"。

《白鹿原》第一次印刷的书还没有印出来，西安新华书店就从文学界的大量好评中嗅到了商机。书店找到了陈忠实，让他在西安北大街图书市场签名售书，书店自己开卡车到北京堵在印刷厂门口，等着拉书。签售当天是一个大热天，早上8点，签售开始。陈忠实到现场的时候，读者排出了一里多长的队伍。陈忠实第一回遇到这种场面，很兴奋，坐在那里没动，一直签到下午1点多，四五个小时连头都不抬，只写他的名字。

《白鹿原》于1993年7月在西安首次发行销售，十天后盗版书就摆在了书摊报亭里。人民文学出版社手忙脚乱地加印，6月第一次印刷，到了11月，已连印7次，半年内印了大约50万册。人民文学出版社的孙顺林当时在策划部，他记得，第一次印的14 850册还没有全部印出来，

持续二十多年的火与热　　　　　　　　　　　　　　　　　　　　　　　　251

∧ 《光明日报》发表的该报记者韩小蕙写的《陕军东征》的报道

全国各地追加的数量就开始大幅增加，印刷厂就连着印。"批发商在甜水园等着提货，每送去一批，很快就被抢购一空。"（《陈忠实〈白鹿原〉曾风行全国　至今仍在畅销》，载《新京报》2009年7月20日）

《白鹿原》出版后，中央人民广播电台和西安人民广播电台差不多同时联播，在读者和文学界迅即引起巨大反响。

《白鹿原》以及其他几位陕西作家长篇小说在京城的相继出版，一时构成了媒体上称之为"陕军东征"的现象，而媒体上关于"陕军东征"的报道和宣传，也给包括《白鹿原》在内的几部陕西作家作品的热销起了推波助澜的作用。据最早在媒体上公开使用"陕军东征"一语的《光明日报》编辑记者韩小蕙回忆，1993年5月19日早晨，她去北京空军招待所参加《最后一个匈奴》研讨会。上电梯的时候，电梯里面有阎纲、周明、陈骏涛诸先生，不知谁跟阎纲和周明开了句玩笑，说："你们陕西人可真厉害，听说都在写长篇。好家伙，是不是想来个挥马东征呀？"后来在会上发言时，有人提起电梯里的这句玩笑话，于是，发言者纷纷跳开《最后一个匈奴》这一本书的思路，争说陕军群体的文学成果与特色。当时明确提到的有《白鹿原》和《八里情仇》，也有人模模糊糊提到《废都》，因为《废都》的书和刊都还没有出来，《十月》编辑部怕人盗版，谁也不给看，据说当时只给了一位评论家看清样，是要约写

△ 2012年，在陈忠实文学馆，为读者签名

评论。韩小蕙经过阅读和采访，写了一篇约2 000字的文章《陕军东征》，于5月25日发表在《光明日报》二版头条位置，介绍了陕西几部长篇小说引起轰动的经过和作家创作的一些内情。很快，《陕西日报》也转载了该文。

《白鹿原》发表、出版后，不仅在普通读者中，而且在评论界引起了巨大的反响。评论界对《白鹿原》好评如潮。1993年3月23日至24日和7月16日，西安和北京两地分别召开了《白鹿原》研讨会。西安研讨会后，《小说评论》同年第4期刊发了《一部展现民族灵魂的大作品》的纪要，并用约一半的篇幅发表了12篇评论文章；北京研讨会后，《小说评论》同年第5期发表了题为《一部可以称之为史诗的大作品》的纪要。

西安《白鹿原》研讨会上，与会评论家认为："《白鹿原》是一部很有艺术魅力的作品，是近年来罕见的一部大作品，陈忠实因《白鹿原》而以全新的面貌出现在人们面前。""《白鹿原》以其全景性的历史观照和宏阔的史诗规模开拓了现实主义小说的新层面，它既不同于那种写市民写市井生活的新写实，也不是那种带有理想主义的现实主义，它为现实

持续二十多年的火与热　　　　　　　　　　　　　　　　　　　　　　253

∧ 2011年1月，电影《白鹿原》主创人员

> 2011年1月，陈忠实（左）探班电影《白鹿原》，与田小娥扮演者张雨绮（右）合影。邢小利摄

主义小说提供了有力的新例证。《白鹿原》迷人的阅读吸引力也将改变人们对纯文学缺乏可读性的看法。""《白鹿原》标志着陈忠实的创作摆脱模式走向自由，走向成熟。""《白鹿原》的产生，既是作家创造的结果，也是时代造就的，陈忠实广泛地吸收了近些年的思维成果，开明、开放的社会环境保证了作家艺术创造力的充分发挥。"有评论家分析说："《白鹿原》深刻地把握和表现了中国农业社会的基本特点，写出了传统文化——包括仁义思想、宗法观念等怎样沉积为农民心理的地质层，展示了民族的精神和灵魂。作品所写的民族历史是一种全景史，它突破了政治史、阶级斗争史的局限，也突破了社区、行业的局限，以大的历史事

△ 2010年11月，陕西泾阳，探班电影《白鹿原》，与演员张丰毅、吴刚交谈。邢小利摄

件为经，以白、鹿两家争斗为纬，将发生在关中大地上的近半个世纪的历史纳入其中，形成一种全景观照。作为一个民族的秘史，《白鹿原》也是一部人格史，人心史，民族文化心理在近百年剧烈震荡的历史变化中的演变史。""《白鹿原》中农村的政治领袖与精神领袖是分离的，它强调了文化、文化传统对人的重要作用。小说半是赞歌，半是挽歌，写了传统文化的力量，也写了它的负面，写了中国村社文化的最后的光环，也写了村社文化的终结，中国古典农民的终结。"与会者认为："《白鹿原》重要的收获之一是在历史和人的结合中塑造了一系列真实而又有独创意义的中国农民形象。其中像白嘉轩、鹿子霖、鹿三、朱先生、田小娥、黑娃等，个性鲜明，有的极具典型意义。"与会评论家对《白鹿原》艺术表现手法上的探索也做了讨论："《白鹿原》在总体写实的基础上，糅以民间传说和灵怪色彩，既表现出关中地区的民情风俗，又有一种亦真亦幻的艺术感染力。这既是当代长篇小说艺术上的一种新探索，也是对中国古典文学传统手法的一种继承。陈忠实以往小说的语言比较朴素平实，而《白鹿原》的语言是高密度的大笔勾勒，具有节奏感和耐人的韵致。"

△ 2010年11月，陕西泾阳，陈忠实（前排中）与电影《白鹿原》群众演员合影。邢小利摄

不少评论家认为"《白鹿原》是陈忠实生命体验与艺术体验成熟期的作品，是陈忠实创作进入巅峰状态的作品"，"整部作品是饱满的，均衡的，因而经得起历史的检验"。（小雨：《一部展现民族灵魂的大作品——〈白鹿原〉研讨会综述》，载《小说评论》1993年第4期）

　　北京《白鹿原》研讨会上，评论家们说："《白鹿原》达到了一个时期以来出现的长篇小说所未达到的高度与深度"（冯牧）；"阅读中我的第一个感觉是中国文学领域出现了一部重量级的大作品，它厚重、深沉，必将并已经不胫而走"（雷达）；"直接感受是：凝重深沉而凝练，密度大而酣畅淋漓，结构宏大而又精雕细刻"（朱寨）；"从总体上它是气势恢宏的史诗，从局部、具体细节、语言看……可以像《红楼梦》一样读"（蔡葵）；"小说内涵大、内容丰富"，"是一部摒弃一切旧的模式，对民族历史进行了深刻反思、总结，对文学语言加以创造的辉煌巨制"（屠岸）；"小说写了五十年，是五十年的民族生存史和人的历史"（谢永旺）；"《白鹿原》是一部激动人心的作品，怎么评价都不过分，必将载入中国、世界文学史册"（张韧）；"《白鹿原》本身就是几乎总括了新时期中国文

∧ 2004年夏，陈忠实（左）与导演林兆华（右）在北京人艺话剧《白鹿原》新闻发布会上

∧ 2005年夏天，话剧《白鹿原》剧组到白鹿原体验生活，约来老腔艺人演唱，陈忠实（中）摆了一回拉板胡的架势。左为老腔板胡手，右为北京人艺导演林兆华

学全部思考、全部收获的史诗性作品"（白烨）。（李星：《一部可以称之为史诗的大作品——北京〈白鹿原〉讨论会纪要》，见《〈白鹿原〉评论集》，人民文学出版社2000年版）此外，海外评论者梁亮说："由作品的深度和小说的技巧来看，《白鹿原》肯定是大陆当代最好的小说之一，比之那些获得诺贝尔文学奖的小说并不逊色。"（梁亮：《论〈白鹿原〉与〈废都〉》，见《〈白鹿原〉评论集》，人民文学出版社2000年版，第324

∧　北京人艺演出的《白鹿原》话剧剧照

页）文学评论家何西来认为："陈忠实的《白鹿原》，是上一世纪九十年代，中国长篇小说创作的重要收获之一，能够反映那一时期小说艺术所达到的最高水平。把这部作品放在整个20世纪中国文学的大格局里考量，无论就其思想容量还是就其审美境界而言，都有其独特的、无可取代的地位。即使与当代世界小说创作中的那些著名作品比，《白鹿原》也应该说是独标一帜的。"（何西来：《〈白鹿原〉评论集·序》，见《〈白鹿

△ 李小超泥塑《白鹿原》白灵满月场景

原〉评论集》，人民文学出版社 2000 年版，第 1 页）

陈忠实在《白鹿原》卷前有一句引自巴尔扎克的话："小说被认为是一个民族的秘史。"1980 年，李泽厚在《中国社会科学》第 2 期发表《孔子再评价》一文，首次提出"文化－心理结构"概念，认为孔子学说为汉民族的文化－心理结构奠定了基础，在当时引起了很大的反响，此说对以后的思想文化研究以及美学、文艺学和文艺批评也影响深远。20 世纪 80 年代中后期，一批具有革新意识的文学研究者如刘再复等人把李泽厚在哲学、思想史、美学研究中提出的"主体性""心理积淀""文化－心理结构"等概念和理论引入文学研究和文学批评领域，对我国当时的文艺理论研究和文学批评形成强大的冲击，引起强烈的反响。1980 年代"文化－心理结构"说的出现及其有关讨论，对陈忠实创作产生了极大的影响，与以往的长篇小说相比，《白鹿原》在侧重描写中国农民群体人物形象及其性格的同时，特别注重描写中国农民的亦即我们民族的文化心理结构。《白鹿原》问世后，评论家显然注意到了这一点，不少论者在分析研究小说中的人物形象及其性格的同时，更从中华文化和民族心理角度对小说进行解读和阐释。不少论者认为，《白鹿原》是对陕西关中五十年生活的写照，也是对民族秘史的揭示。这种揭示是对人的文化心理特别是两千多年来人们儒家文化心理的探讨。雷达曾撰文对1976—2000年长篇小说的审美经验进行了反思，他这样分析和评价《白鹿原》在当代小说史中的地位和价值："现在的相当一批作品超越了启蒙意义上的政治的和经济的乡村，而进入了文化的、精神的、想象的、集体无意识的乡村，很多作品不仅关心农民的物质生存，更加关心他们的灵魂状态，文化人格；文化作为一种更加自觉的力量和价值覆盖着这一领域。由于中国社会向来以家族为本位，家族小说成了传统结构模式之一，也许作家们觉得，唯有家国一体的'家族'才是最可凭依的，故而乡土与家族结成了不解之缘。不妨以《白鹿原》观之，作品以宗法文化的悲剧和农民式的抗争为主线，以半个世纪重大的阶级斗争和民族矛盾为背景，正面观照中华文化精神及其人格，探究民族的历史命运和文化命运。它的创新和超越主要表现在：一、扬弃了原先较狭窄的阶级斗争视角，尽量站到时代的、民族的、文化的高度来审视历史，诉诸浓郁的文化色调，还原了被纯净化、绝对化的'阶级斗争'所遮蔽了的历史生活本相。二、除了交织着复杂的政治、经济、党派、家族冲突之外，作为贯穿主线的，乃是文化冲突激起的人性冲突——礼教与人性，天理与人欲，灵与肉的冲突。这是此书动人的最大秘密。三、开放的现实主义姿态，比较成功地融化了诸多现代主义的观念手法来表现本土化的生存，在风格上，又富于秦汉文化气魄。事实上，看清了《白鹿原》文化秘史式的写法，也就基本看清了90年代以来家族小说审美特色的所在，那就是文化化。"

(雷达：《20世纪近三十年长篇小说审美经验反思——中国新文学大系第五辑长篇卷序言》，载《小说评论》2009年第1期）这个分析和评价应该说还是比较中肯的。

值得一提的是，1993年，由于《白鹿原》等作品的热销即"陕军东征"竟引发了长篇小说的出版和阅读热潮，这个热潮后来延续了相当长一段时间。周昌义后来有一段话，说到了这个热潮的余波对于后来文学市场的影响，也从另一个侧面说明了《白鹿原》当年火爆的巨大威力："出版社出书，第一看市场，第二才看好歹。《尘埃落定》遭遇退稿的时间，应该是1995、1996、1997那几年。还记得不？《废都》和《白鹿原》及陕军东征是在1993年。那以后，长篇小说有了赚钱的可能。但对于大多数作品来说，仅仅是理论上的可能。绝大多数作家，还只能自费出书。还有，《废都》和《白鹿原》开拓的纯文学市场，只适用于《国画》和《沧浪之水》这一类紧贴现实的现实主义作品。不适用于现代主义先锋们。《白鹿原》对于火爆了近十年的现代主义先锋们其实是丧钟，那以后，一切不能以正常人的思维和正常人的口气讲故事的这主义那主义都被正常人视为'神经'，开始了永无休止的盘跌。1997年前后，恰恰是他们最凄凉的时候，坚持跟他们一起'神经'的期刊都开始了跟他们一起凄凉的绝路……"（周昌义：《文坛里的那些事儿》，见《幸福天上寻》，文汇出版社2008年版，第167页）

《白鹿原》出版以后曾获得以下奖项和荣誉：

1993年6月10日，《白鹿原》获陕西省作家协会第二届"双五文学奖"最佳作品奖。

1994年12月，《白鹿原》获人民文学出版社第二届"炎黄杯"人民

∧《白鹿原》获茅盾文学奖奖证

文学奖（1986—1994）。

1997年12月，中国作家协会第四届茅盾文学奖揭晓，《白鹿原》（修订本）获奖。

2008年12月5日，由深圳读书月组委会、深圳报业集团主办的"30年30本书"文史类读物评选活动在深圳举行了盛大的颁奖典礼。经过全国专家与读者的共同推选，陈忠实的《白鹿原》入选。此次评选的图书被称为"30本影响中国人30年阅读生活的优秀文史书籍"，入选书目既考虑其"历史的重要性"，也考量其"本身的价值"。

2009年6月，《中国新文学大系》5辑100卷由上海文艺出版社出齐。《白鹿原》完整入选其第五辑（1976—2000）。

2010年3月，《钟山》杂志在第2期上刊出"30年10部最佳长篇小说"投票结果，为盘点三十年（1979—2009）长篇小说创作的成就，江苏作协主办的大型文学杂志《钟山》邀约12位知名评论家，从纯粹的文

∧ 2013年，陈忠实在《白墙无字》新书发布会上致辞。尚洪涛摄

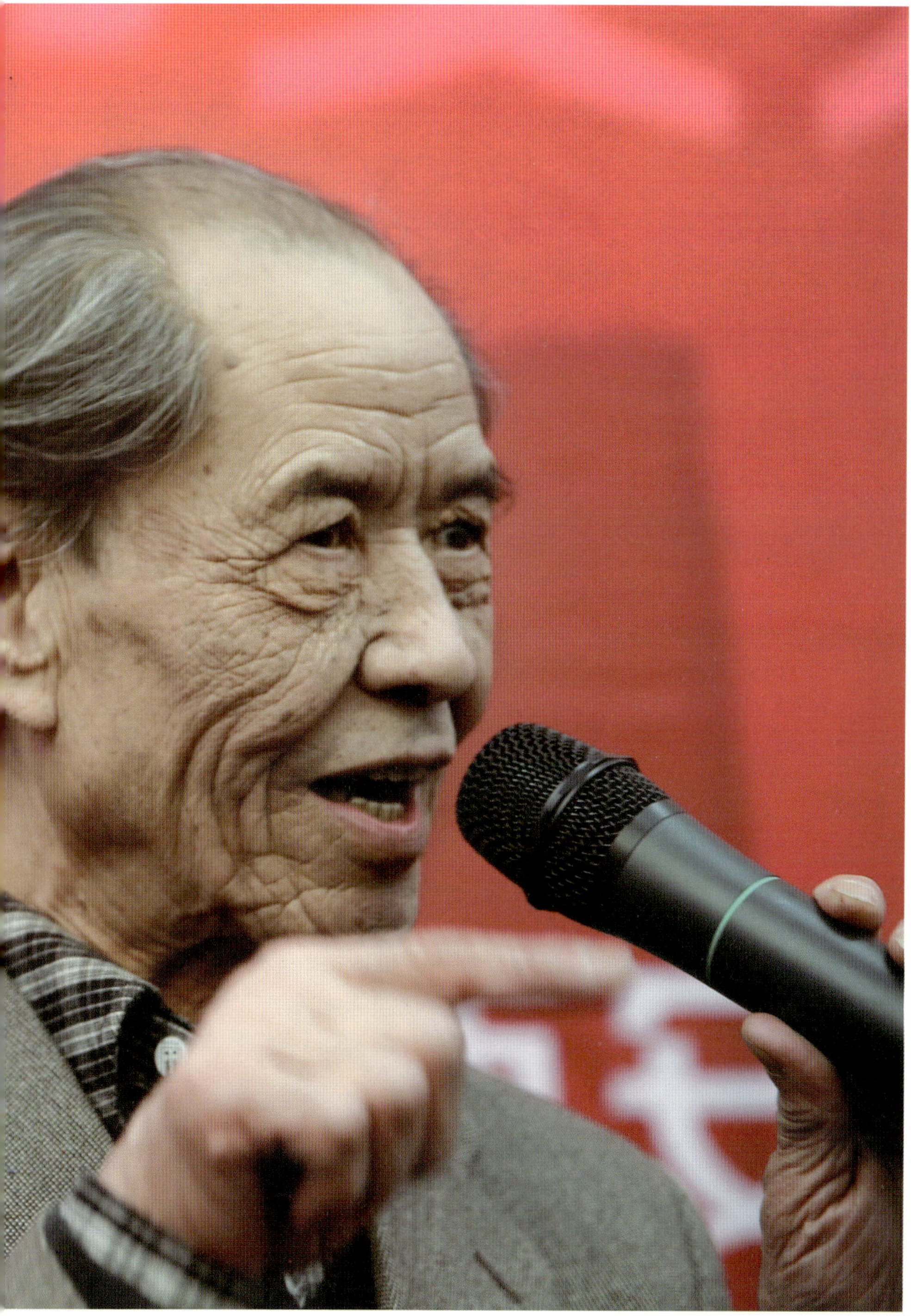

∧ 陈忠实（左）和与作家与导演吴天明（右）。柏雨果摄

学标准出发，投票选出他们认为最好的 10 部作品并简述理由，排名第一位的是《白鹿原》。

《白鹿原》出版以后，先后被译成日、韩、越南、蒙古、法、维吾尔、锡伯、克尔克孜等语种文字出版，被改编或移植为秦腔、话剧、舞剧、歌剧、电影、电视剧、连环画、雕塑等多种艺术形式。

在当代长篇小说的出版史上，《白鹿原》也创造了非凡的业绩。《白鹿原》由畅销书已变为常销书。仅以人民文学出版社为例，至 2012 年 5 月，笔者所见该社出版的不同版本的《白鹿原》已达 11 种之多。据笔者向《白鹿原》的责任编辑之一刘会军了解，至 2006 年 12 月底，据人民文学出版社统计，《白鹿原》的累计印数已超过 120 万册。2014 年，陈忠实说，他颇感欣慰的是，近十年来，各种版本的《白鹿原》加起来，每年的销量在 10 万册左右；多年来，读者包括一些单位找他为《白鹿原》签名的也经常不断，他曾在一个月里做了统计，这一个月竟有 28 天都有找他签名的，多的一次有 500 多本，少的一次 1 本。

陈忠实后来说:"回首往事我唯一值得告慰的就是:在我人生精力最好、思维最敏捷、最活跃的阶段,完成了一部思考我们民族近代以来历史和命运的作品。"(陈忠实:《文学是我人生最重要的主题词——与〈西安晚报〉记者蔡静、丑盾的对话》,见《原下的日子》,太白文艺出版2004年版,第323页)

24 / 主席之位

> 世上有许多事，尽管看得清清楚楚，却不能说出口来。有的事看见了认准了，必须说出来；有的事至死也不能说。能把握住什么事必须说，什么事不能说的人，才是真正的男人。
>
> ——陈忠实《白鹿原》

∧ 20世纪90年代的陈忠实。陈汉军摄

命运实在是一个不可捉摸的东西。作家特别是小说家,喜欢写人的命运,因为命运有一种令人敬畏的力量,它是强大的压倒一切的,又是神秘的不可知的。1992年,就在陈忠实写完《白鹿原》的这一年,作协陕西分会还没有换届,上级内定为作协陕西分会主席的路遥,在8月6日孤身一人去延安,一到延安就病倒了,之后辗转西安治疗,竟然一病不起,于11月17日撒手尘寰。

在路遥的追悼会上,陈忠实致悼词。他说:

我们不得不接受这样的事实,无论这个事实多么残酷以至至今仍不能被理智所接纳,这就是:

一颗璀璨的星从中国文学的天宇陨落了!

一颗智慧的头颅中止了异常活跃异常深刻也异常痛苦的思维。

这是路遥。

他曾经是我们引以为自豪的文学大省里的一员主将,又是我们这个号称陕西作家群的群体中的小兄弟,他的猝然离队将使这个整齐的队列出现一个大位置的空缺,也使这个生机勃勃的群体呈现寂寞……

年轻时候写过新诗后来一直不写新诗的陈忠实,在伤痛路遥英年早逝的同时,感于生命的脆弱和命运的不可捉摸,于这一年的11月26日草写,后于1993年9月16日改写出了诗歌《猜想死亡》。诗中写道:

天宇里
有一颗专司死亡的星星

是有意还是无意

是选择还是冒碰
一旦砸下来
便要击中一个天灵盖
这人便死了
无论是元首还是将军
抑或只是一个平民

它不辨善也不择恶
不分贵也不分贱
更没有公平可论
撞上谁
算谁倒霉

这个猜想如果成立
我们反而坦然
被砸中了便走向死亡
砸不上便继续做自己的事
总统继续竞选连任
将军继续操练士兵
平民继续忙油盐酱醋的日子

担忧根本无用
躲藏更属徒劳
运气仅仅在于
一个迟些……一个早些

1991年执意不去省文联做书记，而愿意留在作协陕西分会只当一个专业作家的陈忠实，最终还是被推举为作协陕西分会主席。1993年6月，中国作家协会陕西分会改名为陕西省作家协会。6月8日至10日，陕西省作家协会第四次会员代表大会在西安人民大厦召开。王汶石致开幕词。胡采代表第三届理事会做题为《以邓小平建设有中国特色的社会主义理论为指针，改革开拓，为繁荣发展我省文学事业而奋斗》的工作报告。会议通过修改《陕西省作家协会章程》，选举理事83名，常务理事43名。陈忠实致闭幕词。在四届一次常务理事会上，陈忠实被选举为省作协主席，王愚、王蓬、孙树淦（莫伸）、刘成章、李凤杰、杨韦昕、赵熙、贾平凹、高建群、雷进前（晓雷）被选为副主席。在四届主席团会上决定聘请胡采、王汶石、王丕祥、魏钢焰为名誉主席。任命雷进前兼任秘书长。截至1993年6月，陕西省作家协会共有会员527名（女会员38名），出席此次代表大会的会员代表共176名。

　　从陈忠实的出身、经历和文化教养来看，从他的做人和品性观察，他是一个不汲汲于富贵，也不戚戚于贫贱之人，当然，也是一个不汲汲于权力之人。但他也不是一个甘于淡泊的人，不是一个不在乎功利的人。他曾说，他从不言淡泊；他认为，文坛就是一个名利场。他只是赞同，君子爱财，取之有道；君子当权，得之有道。他不屑于蝇营狗苟，更耻于同流合污。

　　陈忠实说过，他早年的人生最高理想就是能当一个专业作家，可以自由支配时间，能按自己的爱好写作。当了作协副主席，现在又当主席，显然，超乎他原来的理想之外，赚了。他没有飘飘然，也没有昏昏然，爱了文学三十多年，进了作协二十余年，他深知作家生活不易，创作不

△ 1993年6月，陕西省作家协会第四次会员代表大会合影

易，既在其位，得谋其政，需舍下身子为作家们的生活和写作创造一定的条件，要放下身段为陕西文学的发展和繁荣做一些实事。

多半生埋头创作，年过半百以后多少有些"意外"地荣任被誉为"文学大省"被称为"文学重镇"的陕西省作家协会的主席，陈忠实还是很想大干一番的。陕西作协有过辉煌的历史，但积弊也久。1954年到1993年，近四十年间，陕西作协有三届领导，主席皆为从红色延安过来的文艺老战士，马健翎、柯仲平、胡采。现在，终于轮到陈忠实他们新的一代上来了，又乘着当时文坛盛刮的所谓"陕军东征"的东风及其余威，当选为第四任主席后，陈忠实在闭幕时激昂而豪迈地讲："我们倡导这个群体的每一个成员，有勇气有锐气有志气有才气有风气。我们相信在这个群体里会形成大胸怀大气魄大视野，出现大作品大作家。""陕西作家应该而且能够对中国当代文学做出无愧贡献！"这里所讲的"五有"和"五大"，也是本次大会的主题词，曾书写为巨大的横幅悬挂在会场周围，非常醒目。可以看出，在老一代作家渐次谢幕而由青壮年作家登台的这一届代表大会，包括陈忠实在内的主席团不仅显得朝气蓬勃，显出

∧ 1993年6月，陕西省作家协会第四次会员代表大会期间工作照。左起：贾平凹、杨韦昕、陈忠实、赵熙

∧ 1993年6月，陕西省作家协会第四次代表大会上。左起：陈忠实、王丕祥、王蓬

∧ 1990年代，陈忠实在秦岭山中。邢小利摄

∧ 陕西省作家协会大院

∧ 1993年冬，陈忠实在陕西作家协会办公室门前留影。邢小利摄

∧ 20世纪90年代中期,接待外国作家代表团

要大有一番作为的态势,而且目标宏伟,对于未来的期待值很高。

在闭幕词中,陈忠实在分析了陕西作家群的现状之后,还讲了未来工作的中心:"未来十年对于无论哪一个年龄档次的陕西作家都是至关重要的,而最重要的一点是任何一个人都耗费不起有限的生命。本届代表大会产生的主席团,将清醒地认识并理解这一基本的现实,将坚定不移地围绕保证作家进行艺术创造尽最大可能释放各自的艺术能量这个中心而开展工作","我们将把改善作家创作条件和生活条件作为最现实最迫切的一件工作提上议程","我们将努力倡导另外一种有利于作家进行创造的环境和氛围,即和谐"。

当了省作协主席以后,陈忠实着实忙了几年,差不多有六七年的样子。所忙的事中,有一件就是给作协建办公楼。

陕西省作家协会的前身中国作家协会西安分会于1954年11月成立,筹备阶段,作家王汶石坐着当时给作协配备的唯一一辆吉普车在西安市到处寻看地方,最后选定建国路的一处院落作为作协的办公地址。这个

∧ 2012年2月1日，在西安美术学院，与画家刘文西（右二）、郭全忠（右一）、崔振宽（左一）

院落始建于1930年代，原来是国军第84师师长高桂滋的公馆。1936年双十二事变后，张学良、杨虎城为了蒋介石的安全，需要寻找一处幽静又舒适的住处。西安事变两天后，蒋介石就被迁送到张学良公馆旁边的这座高桂滋公馆。蒋介石在此住了11天。1949年西安解放后，高桂滋将军把这座公馆作价15亿人民币（旧币）捐了一架战斗机，随后搬往另处居住。这个院落先后成为西北妇联和中苏友协等机关团体的办公处。作协西安分会成立，省政府将此地划给作协办公居住。这个院落分为前院、中院和后院。前院主体是一座带有地下室的西式建筑，坐北朝南，院子中间有一个喷水池。中院是花园。后院是室内层高两三米的平房，实木地板，青砖碧瓦，围成古色古香的三重院落。作协的两个公开刊物《延河》和《小说评论》以及一个内部刊物《陕西文学界》的编辑部，创联部，还有部分作协内外员工都住在这三个小院里。中院的花园已在1980年代被废弃，建了一个三层楼的招待所。作协的主要业务部门都在后院办公，陈忠实自己的一间办公室当年也在这里。但房屋年久失修，虽然

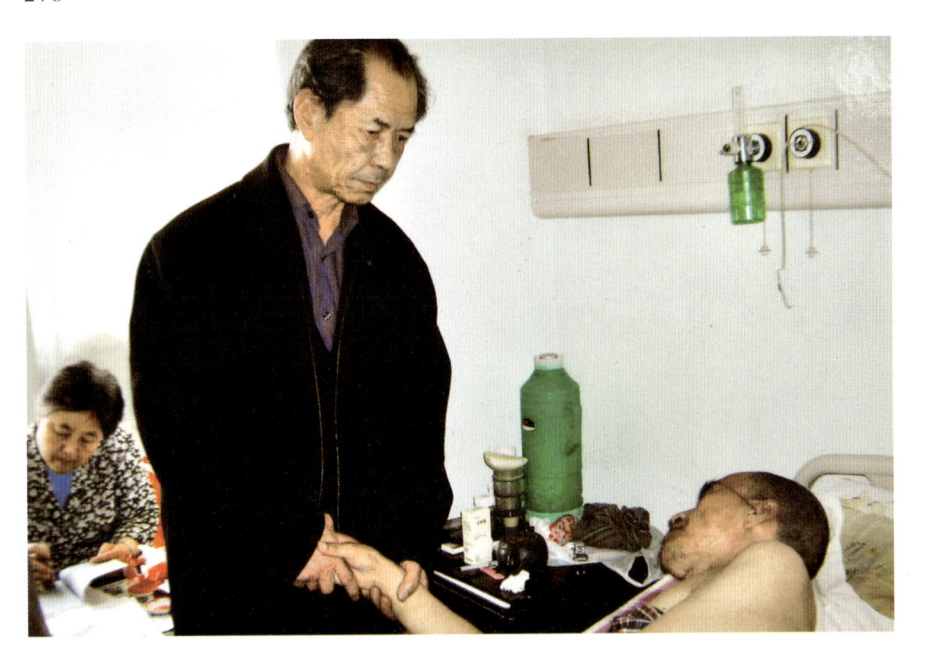

△ 2005年，陈忠实（中）看望病危的作家王宝成

　　院子里的蜡梅、玉兰还有高可参天的梧桐以及高大的平房在在显示着这个院落的出身不凡，但毕竟在风雨中挺立了六十余年，四处可见墙倾屋圮，每逢下雨，有些房间的顶棚就会掉下来，伤人毁物。所以，给作协建一个办公楼就成了新一届作协领导班子诸项工作中的一个当务之急。

　　建楼是一项大工程，报，批，要钱，施工，诸种事项既复杂还有困难。陈忠实放下创作，忙于那事，也忙这事。有一次，为办公楼的事，事先约好了，他和副主席兼秘书长晓雷去找省里一位领导，早早去了，等着接见。好不容易等到与领导在办公室见面，领导一句正事不谈，却大谈自己对某地区一个小戏的看法。陈忠实只好恭听，心里巴望着快快谝完闲传，言归正传说说盖楼的事。不想领导兴头很足，从中午11点半谈到了下午1点，后来一看表，挥挥手说要吃饭休息。陈忠实出来后，在院子里仰天大笑了两声，冷笑了两声，然后对同来的晓雷说："这个人是个二球！旧时代的官僚尚且知道尊重文人，这人则连为官做人起码的常识都不懂。"

　　由此看来，处在主席之位，虽然想做些事情，但有时候也做不了多少事情。陈忠实做了省作协主席后，由于后院盖楼，他的办公室也搬到了前院，就是当年软禁蒋公介石的屋子。作家方英文打趣地说，现在陈忠实自己把自己软禁了起来。

2004年，陈忠实（中）与评论家李星（左）、编剧孟冰（右）在白鹿原下采风。

25 / 原下的日子

> 我的脚下是祖宗们反复踩踏过的土地。我现在又站在这方小小的留着许多代人脚印的小院里。我不会问自己也不会向谁解释为了什么又为了什么重新回来,因为这已经是行为之前的决计了。……我愈加固执一点,在原下进入写作,便进入我生命运动的最佳气场。
>
> ——陈忠实《原下的日子》

> 2014年，陈忠实在原下。尚洪涛摄

2001年到2002年，陈忠实回到乡间——老家蒋村住了两年。复归两年，隐居两年，生活、思考、写作了两年。

2001年12月26日，陈忠实在中国作家协会第六次全国代表大会六届一次全委会上，当选为中国作协副主席。

这天早上，笔者先是接到王仲生先生的一个电话，王仲生和陈忠实是老朋友，他在电话中很高兴地给我说了这个消息，接着以商量的口气对笔者说："忠实回来了，是不是咱们给他庆贺一下？"笔者也从当地的报纸上看到了这个消息，给还在北京的陈忠实打了电话，表示祝贺。电话一拨就通。笔者先说了祝贺，又说，王仲生老师给我打电话，说你回来，想同你聚一聚，庆贺一下。陈忠实听了略一思考，说："朋友们聚一下热闹一下也好。"从陈忠实的声音中，可以明显地感觉到，他的心情是轻松的，也是高兴的。

2002年1月3日下午，陈忠实从北京回到西安。先一天晚上，笔者在电话中和陈忠实沟通庆贺会拟邀请的人员。陈忠实提了一些人，其他的让笔者斟酌着办。陈忠实由西安咸阳机场回到西安建国路的家，放下

行李，就出门换乘由笔者安排的一辆小车，直接来到长安县韦曲的绿园度假村。这一晚朋友间的庆贺会，陈忠实提名请的，多是和他年龄相仿的教授文学的高校教师，笔者也请了一些年龄相近的高校教师。绿园度假村老板马宏伟和笔者是乡党，此人不仅是《白鹿原》迷，也是陈忠实的崇拜者，他热情接待，安排了庆贺会场和接风晚宴。庆贺会由笔者主持，20余位文学界的朋友汇聚一堂，纷纷讲话表示祝贺，谈陈忠实的创

∧ 2002年初，陈忠实（右）在祖居老屋

作，现场还有文学青年向陈忠实献花。朋友们讲完话后，陈忠实发言，他说："就两句话，一，感谢大家；二，该干啥还干啥。"

2002年12月8日上午，陈忠实参加了嘉汇汉唐书城的开业仪式。中午，在东方大酒店，他与同来参加书城活动的作家张抗抗、周国平等见面、午餐。下午，在东方大酒店休息时，西北大学的刘建军、陕西师范大学的畅广元、西安文理学院的王仲生等先生在座，笔者谈到可以把《白鹿原》中的白鹿书院搬到现实中来，谈到长安是中国书院的发源地，书院在中国当代社会的价值和意义。几位先生都是笔者的老师，也都发表意见，表示赞同。陈忠实听了，也认为可行。白鹿书院也就是在这次偶然的闲聊中开始了筹建工作。几天后，12月16日，陈忠实一早就给笔者打电话，说他在灞桥参加一个研讨会，遇到区上领导，一位人大常委会副主任说想搞一个白鹿书院，他说有作家也想搞，可以结合到一起；有一位企业家也在座，说要搞，他可以出力，盖一座楼。做事比说事难，几经周折，2005年，陈忠实、笔者等陕西作家和学者与西安思源学院合作，白鹿书院终于成立了。陈忠实被推举为终身院长，白鹿书院在他的领导下，也逐渐成为中国当代有一定影响力的书院。

2003年春天，陈忠实由乡下的祖居老屋移住到了城里。他被西安石油大学聘为教授。回城后，他白天到石油大学的工作室写作，晚上回家住。2005年，白鹿书院成立后，远道而来的客人特别是文坛的朋友，陈忠实都喜欢在白鹿原上的白鹿书院接待。很多的时候，他一个人待在工作室；偶尔参加一个活动，一结束也匆匆回到工作室。哪怕离回家只剩下一个小时，他也要回到工作室。他已经习惯并喜欢一个人待着，思考，或写作。

2002年7月31日，在西安常宁宫举行的"陈忠实先生六十华诞暨文学生涯四十五周年庆贺笔会"现场

2002年7月31日，西安常宁宫，陈忠实60岁生日，与家人欢聚

∧ 2002年7月31日,西安常宁宫,陈忠实60岁生日,夫人王翠英送祝贺礼物

∧ 2002年7月31日,西安常宁宫,陈忠实60岁生日,与家人欢聚。左起:夫人王翠英、陈忠实、二女儿陈勉力、大女儿陈黎力、儿子陈海力、前排为大外孙旦旦

2006年，陕西省作家协会距上一次即1993年换届，已经过去了十三年。按章程，应该每五年召开一次代表大会，也就是所谓的换届会。但是，由于作协内外的各种复杂原因，此前的四次会员代表大会，其间隔的时间都未按时。第二届、第三届之间相隔最短，四年。第一届和第二届之间隔了二十五年，当然这中间夹了一个"文化大革命"，原因特殊。第三届和第四届之间，相隔十年。现在，距上一次已经过去了十三年，该召开全体会员代表大会了，也就是该换届了。

第五次会员代表大会，其实私下里也吵吵了很久，总说要换届，但又总不见落实。2005年，省文联换届时，本该省作协和省文联同时换，以往都是这么做的，但那一年文联换了，作协没有换。其间原因，应该也复杂。个别有资历也有资格的人，一直想着新的换届会能如期或早日召开，自己能当上个什么官比如副主席一类，但换届会到了最后几年，似乎年年打雷闪电，就是不见下雨，三晃两晃，有资历也有资格的人年龄到站了，谋想落空，也就怨言不断，甚至恨起个别领导来。

陕西作协的换届，陈忠实也很上心，也很焦急。但是他说，没有办法，这个事他决定不了，甚至也影响不了。

2006年上半年，陕西省作家协会上下，都在说而且似乎也在准备召开会员代表大会了。

恰好，中国作家协会也准备在当年召开第七次全国代表大会，时间定在11月。这也是一个换届会。重要的是，要选新的中国作家协会主席。

由于中国作协在过去五十多年里只有两位主席，茅盾（任主席时间：1949—1981）和巴金（任主席时间：1984—2005），均为中国现代文学巨匠和领军人物，因此，谁来继任新一届主席，格外重要也格外引人注目。

中国作协全称为中国作家协会，前身是中华全国文学工作者协会，于1949年7月23日在北平成立，简称全国文协。1953年10月，中华全国文学工作者协会更名为中国作家协会。近五年间，中国作协共吸收会员1 661人，现有会员总数已达7 688人。

经过有关方面的酝酿、推荐、考察、研究，有关方面在备选人中反复汰选，八选四，四选二，到了最后的二选一阶段，时值8月，备选人只剩下了两位，一是陈忠实，二是铁凝。

消息传得很快很广。在陕西，尤其是陕西作协，大家都知道了陈忠实有可能当上中国作协主席了。在很多人的心目中，陈忠实和铁凝相比，优势似乎更多了些：一，年长，中国人讲究老资格，铁凝似乎太年轻了些；二，创作成就似乎更大，陈忠实有《白鹿原》。当然，铁凝是现任的中共中央候补委员。但是，陈忠实也曾是中国共产党第十三届和第十四届代表大会代表，中共陕西省委第七、八届委员会候补委员，政治上也很过硬。

由于陈忠实有可能当中国作家协会主席，这个可能看起来又很大。据说，陕西有关方面包括陕西作协方面考虑，陕西省作协的换届就再等一等，陈忠实如果当上了中国作协主席，陕西作协的主席就没有必要再当了，可以空出来让别人上。

陕西作协的换届就这么又停了下来。

8月的一天，笔者与陈忠实闲谈。笔者说："有传言说你会当选这个中国作协主席。"陈忠实抽着烟，似乎很平静地说："我没有想过，我也不适合。主席这个位子要能应付各种场面，京官最好。我认为王蒙最合适。"

话虽这么说，但人逢喜事精神状态还是不一样。尽管最后的结果难以预料，但这一阶段的陈忠实，精神气色与往常大不相同，容光焕发，精神抖擞，脸上又露出了近几年少见的爽朗笑容。特别是，位于陕西作协后院办公楼二层的那间办公室，几年来都不见陈忠实的踪影，现在则是打扫一新，门也经常大开着，陈忠实来办公了。

10月3日，陈忠实约笔者和几位朋友晚上一起吃饭。笔者的办公室与陈忠实的办公室同在二楼，其间只隔了一间办公室，吃饭前，笔者到他的办公室闲坐，顺便问他中国作协换届这个事现在的情况。陈忠实说，8月份，全国作协开会，中组部、中宣部民主征求中国作协主席团关于中国作协主席人选的意见，这就是海选，大家意见比较集中的是两人，一个是他，一个是铁凝；9月份，中组部一位副部长、中宣部一位副部长又找各省作协主席、党组书记谈话，让大家在他和铁凝之间推荐主席人选。停了一下，陈忠实严肃地说，其实这件事对他来说，未必是好事，当上了，将来要应酬许多事，不能像现在这样可以有时间写东西。现在大家都知道他在省作协被边缘化了，干不了事，也乐得清闲。当了主席将来要应对世界各国的人物，他不擅长应对。陈忠实说，现在这事已经没有秘密可言，谈话以后，全国都知道了，他就接到了很多电话说这事。

10月的某一天，中组部、中宣部来人和陈忠实谈话。谈话后的一天，陈忠实和笔者见面，说到谈话的事。陈忠实说，上边问他如果当选他的一些想法，他说他表示，如当选，不愿意去北京，希望就待在陕西。笔者当时想，他可能想像巴金那样，只挂一个主席的名，住还住在陕西（巴金后来就一直住在上海），带有某种程度的名誉性质，因为作协的实际工作是由党组领导的，这样，也能避免某些人事和工作上可能出现的矛盾。他这样的心理，无疑与他后来在陕西作协的处境有关，与他在这种处境中形成的认识－文化心理有关。他当陕西作协主席，心中留下了一些阴影。他似乎认为，这样可能是一个万全之策，既避免了他说的他不擅长应对各方人士的短处，也避免陷入某种矛盾。他甚至暗中想，也许上边正是这样考虑的，所谓主席，就是需要一个只挂名而不问实际的主席。笔者这些胡思乱想，只是闲聊间一时的念头，并没有跟陈忠实交流。

10月31日，白鹿书院有一位同事对陈忠实说："昨天晚上，我梦见你当选中国作协主席了。"陈忠实听了，非常肯定地说："梦是反的。我的感觉很准，现在已经没有那个事了。"

11月12日，下午，中国作家协会第七次全国代表大会全国委员会举行第一次全体会议，选举铁凝为中国作家协会主席，选举王安忆、丹增、叶辛、刘恒、李存葆、张平、张抗抗、陈忠实、陈建功、金炳华、高洪波、蒋子龙、谭谈为副主席。（按姓氏笔画为序）王蒙、韦其麟、张炯、黄亚洲不再担任副主席。

中国作协换届会开过后，陈忠实再次或者说是依然当选为副主席。中国作协主席没有当成，陕西省作家协会似乎就应该按原计划换届了。

然而事情复杂，换届事杳然无声。转眼到了下一年，2007年到来了。中国人的观念里，过了春节才算旧的一年过去了，过了正月十五，新的一年才算开始了。2007年的春节，是2月18日。正月十五也就是元宵节，则到了3月4日。

也就是在陈忠实的65岁生日刚过，陕西作协换届的声音又紧锣密鼓地敲响了。

9月17日至18日，陕西省作家协会第五次会员代表大会在西安召开，本次大会选举产生了新一届省作家协会理事会和主席团成员。贾平凹当选为省作家协会第五届主席团主席。常务副主席：雷涛；副主席：王蓬、叶广芩、白阿莹、冯积岐、朱鸿、莫伸、李国平、李康美、冷梦、红柯、张虹、高建群、阎安；秘书长：王芳闻。陈忠实被聘为陕西省作家协会主席团名誉主席。王愚等15人被聘请为陕西省作家协会主席团顾问。

散文家陈长吟在散文《白鹿书院》中记述了这次大会的一些细节：

第二天选理事，再选主席，最后在大会上公布结果。贾平凹当选主席，陈忠实因年龄原因（已65岁）退任，被聘为名誉主席。

平凹在闭幕式的讲话中说："在这里，我要特别提出，我们的上一届主席陈忠实同志，在十四年里为陕西文学事业做出了巨大的贡献，他以作品的杰出性和以文学为神圣的精神，对陕西文学事业劳心劳力的热忱和辛苦，为陕西文坛争得了荣誉，赢得了尊敬，为我们做出了学习的榜样。在此，让我们以热烈的掌声向他致以崇高的敬意和感谢！"

会场上响起了三次经久不息的掌声。

许多老作家热泪盈眶。

忠实上前与平凹握手，以示祝贺。并对大家说："平凹是一个有着广泛影响的作家，而且为人很谦和，祝愿他、也相信他，能把这副担子挑好，能团结全省的文学创作及研究队伍，把陕西文学事业发展得更好。"

换届以后，上边并没有让陈忠实退休。除了不再当省作协主席，其他职务不变，他仍然是党组成员。待遇也一切照旧。因为他毕竟还是现

2013年，陈忠实（右）与贾平凹（左）在作协换届大会上握手。尚洪涛摄

任的中国作家协会副主席。

新世纪以后，陈忠实更多地"向外转"，注重与高等院校或研究机构合作。

2005年6月6日，陈忠实担任终身院长的白鹿书院由陕西省民政厅批准成立。这是陈忠实和一批作家、学者联合西安思源学院共同创办的非营利性文学艺术及相关文化研究的组织。6月28日，白鹿书院和西安思源学院联合在西安曲江宾馆腾龙阁举行了隆重、热烈的白鹿书院成立庆典。来自省内外的社会各界知名人士260余人参加了庆典活动。

在白鹿书院成立庆典上，陈忠实讲到了创办白鹿书院的缘起："我在长篇小说《白鹿原》里曾写到一个书院，这个书院就叫白鹿书院。小说是虚构的艺术。《白鹿原》中的人物大都是虚构的，但唯有白鹿书院的山长朱先生是有生活原型的，就是清末举人著述甚丰的学人影响很大的蓝田人牛兆濂；白鹿书院也有真实生活依托，就是牛兆濂先生当时主持的

∧ 2005年6月，白鹿书院成立庆典，陈忠实（右）与张贤亮（中）、熊召政（左）

∧ 2005年6月，白鹿书院成立庆典。前排左起：邢小利、张曰凯、从维熙、熊召政、孙志东。中排左起：王正洪、陈忠实、第四人是畅广元。后排左起：石建威、张志春、李廷华、郭振德

∧ 2005年6月，白鹿书院，陈忠实（右）与白鹿书院理事长周延波（左）

∧ 2006年，白鹿书院首届文人书画邀请展览暨首届文人书法论坛。前排左起：陈忠实、张铁林、王岳川、陈源斌

∧ 2011年5月,白鹿书院,陈忠实(右)与张炜(左)、葛水平(中)

2005年，陈忠实（右）与夫人王翠英（左）在白鹿书院门前

∧ 2005年，白鹿书院两位"山长"。陈忠实（右）和邢小利（左）

蓝田县的芸阁学舍。如果要追溯芸阁学舍的文化脉络，渊源可以追溯到宋代，芸阁学舍是在为宋代'关学'代表人物吕大忠、吕大防、吕大钧、吕大临所修'四献祠'的基础上，拓修为传道授业解惑的书院，鼎盛一时，曾有韩国留学生在此学习。2002年，我和几位学者讨论一些问题时，有学者建议，可以在白鹿原上创建一个白鹿书院，承继中华传统文化的脉络，弘扬其优秀品格。创建白鹿书院的构想得到了社会各方人士的热心赞赏，西安思源学院周延波院长更是大力赞同积极支持，白鹿书院从而由构想变成了现实，白鹿最终回到了白鹿原上。"

为什么要以白鹿来命名书院，陈忠实说："在我们传统文化乃至民族心理意识里，白鹿是吉祥、和谐、纯洁、美好和超凡的一种象征性图腾。上至王宫下至庙堂乃至民居宅院都有鹿的各种生动壁画和雕刻。以白鹿来命名书院，就是想创造一种和谐而纯净的学术探讨和文化研究氛围，这种和谐与探究的精神与我们所要创造的和谐社会的精神是一致的。"

陈忠实谈到创办白鹿书院的文化思考时说："书院是教育和学术研究机构，又是一种文化和精神的象征。我们办白鹿书院，一是要承继中国

2011年4月，陈忠实文学馆。陈忠实（右）接受凤凰卫视许戈辉（左）采访

传统文化之精华和风神秀骨。以白鹿书院为平台，广泛团结、联系国内外的学者、评论家和作家，开展游学、讲学、讨论等交流活动，让传统文化在现代化进程中焕发生机。白鹿书院诞生在古长安这块具有深厚文化底蕴的土地上，我们将会开掘源远流长的关中文脉，承续关学精神，探索促进传统文化向现代转型的新途径。第二，我们现有的这些人差不多都是从事文学和艺术的人，文学和艺术只是大文化范畴里的一系，文学、艺术与社会、历史和人的生存形态有非常紧密的关联，但只是一条途径。因此，书院的研究课题将对现实问题和人类普遍面临的问题，既从文学和艺术的角度，也从思想理论的角度，以及学术的角度，进行研究和探讨，争取对我们的生活发展做出富于建设性的建树。第三，白鹿书院还会以文学和艺术为其特色，藏书、编书、教书、研讨、交流，从而对陕西、对西部乃至全国的文学事业发挥作用，为促进和繁荣文学事业起到促进作用。"

陈忠实谈到白鹿书院的发展时说，我们将"争取与国内外文学界、学术界进行高层对话，把白鹿书院办成一个思想、文化交流的重要平台。

∧ 2008年4月，陈忠实（右）在中国现代文学馆与《在文学馆听讲座》栏目主持人傅光明（左）。邢小利摄

∧ 陈忠实在西安二府庄工作室

∧ 陈忠实（右一）在西安凯悦酒店

我希望,白鹿书院能办成一个萃集各界贤达优秀思想的地方,办成一个能传承优秀的中国文化和传播时代新声的地方"。

此后,位于白鹿原西畔的白鹿书院,既是陈忠实处理包括白鹿书院公务在内的一些事宜的办公地,也成了他的会客厅。书院院门外,左有一片竹林,门前是芍药园和一片茂密的树林,环境清幽,每有全国各地和海外的文学界朋友和各界人士到来,陈忠实都喜欢在书院的院子里接待、交谈。

2005年10月19日,陈忠实又被西安工业学院聘为人文学院名誉院长、教授。同日,西安工业学院陈忠实当代文学研究中心成立,他担任中心主任。

写作依然是陈忠实日常最主要的工作。除了必须参加的文学活动和必要的社会活动,他每天早出晚归,早上8点多到二府庄,晚上6点多离开回家,一整天都在那里坚持写作。

26 / 送别

朱白氏正打算让儿媳把孩子抱进屋子坐到火炕上去，忽然看见前院里腾起一只白鹿，掠上房檐飘过屋脊便在原坡上消失了。……
白鹿原最好的一个先生谢世了……

——陈忠实《白鹿原》

∧ 1990年代的陈忠实。柏雨果摄

2016年4月29日早上7点45分，陈忠实因病医治无效，于西安西京医院逝世。享年74岁。

信息时代，消息特别是手机微信对消息的传播特别快。8点10分左右，笔者就接到作家方英文等几个朋友的电话，询问陈忠实去世的消息是否确实。

4月30日的《陕西日报》在头版刊发了该报记者李卫写的《中国文坛巨星陨落　著名作家陈忠实逝世》的消息。消息说："陈忠实患病期间，省委书记娄勤俭专门前往医院看望并转达了刘云山、赵乐际等中央领导的问候。省长胡和平也看望慰问了陈忠实。省委书记娄勤俭、省长胡和平还分别召开了专题现场会，听取病情汇报，要求全力抢救；中国作协党组书记钱小芊专程来陕看望陈忠实并就救治工作做了指示；中宣部副部长景俊海，省委常委、省委秘书长刘小燕，省委常委、省委宣传部部长梁桂先后赴医院看望。"消息述评，"陈忠实是一位拥有民族精神的杰出现实主义作家。这位从白鹿原走出的'文坛老农'，对农村和农民有着深刻的理解，这也构成了《白鹿原》创作的底色"。

同日的《陕西日报》还用四个整版刊发专号，题为《秦地留白，忠实永生》，刊发悼念陈忠实的图片和文字。据记者采访，中国作家协会书记处书记吴义勤说："陈忠实先生的逝世是中国文学的一个重大损失。他确实是当代难得的伟大的作家，《白鹿原》奠定了他在文学史上的崇高地位。"吴义勤在西安挂职两年，其间和陈忠实建立了深厚的友谊。刚到西安时，陈忠实带他去白鹿原上的樱桃园里摘樱桃，在灞河边上给他讲述创作《白鹿原》的一些情景，还去陈忠实文学馆参观聊天。吴义勤说："我认为陈忠实是一个在人格上没有缺陷的人，在文学上很伟大的作家。"

∧ 陈忠实去世，陕西省作家协会设立的灵堂

中国作协副主席、评论家李敬泽说："陈老师是当代文学非常杰出的作家。他真的是一位君子，一位忠厚的长者，品格非常令人尊敬。"中国当代文学研究会会长白烨说："有人问我他是不是陕西文学领军人物，我说何止陕西，他是全中国文学的领军人物，他在与不在是不一样的，他在的时候像一座山一样，给你一种感召，一种力量，他不在了，这个空白是别人无法弥补的。"陕西省委宣传部原部长王巨才说："忠实不仅是知名作家，也是非常优秀的文学组织工作者和领导人。他在扶持陕西省内外年轻作家上不遗余力，他给那么多年轻作者认真撰写评论书稿序言，从字里行间看出他对这些尚未成名的作者的竭力扶持。"作家贾平凹称："老陈是一个很杰出的作家，为中国文学做出了重要的贡献。他的作品会长期存留下去。对他的去世，我们确实很悲痛。这真的是中国文坛的一个损失……对'陕军团'肯定是重大的损失。"作家阿来说："陈忠实读者很多，读者们并不会随着他的逝去而遗忘他，《白鹿原》在中国文学

史上也永远不会被遗忘。"作家程海说陈忠实："为人忠厚，在文学上也给了我很多帮助，他真的是热爱文学，他的精神永远长存于世，他的人格魅力也是不会消失的。"

陈忠实逝世后，全国各地许多单位和各界人士纷纷表示哀悼。

中国作家协会发来唁电，天津市作家协会、上海市作家协会、重庆市作家协会等24个省市自治区作家协会发来唁电，鲁迅文学院、中国现代文学馆等中国作协所属单位发来唁电，中国国土资源作家协会、中国石油作家协会等国内一些行业作家协会发来唁电，中国电影家协会、中国散文学会等全国一些艺术家协会、学会发来唁电，新疆新和县委宣传部、四川省什邡市人民政府、陕西省图书馆、北京人民艺术剧院等全国一些地方的党政机关、文学艺术机构、文化单位发来唁电，人民文学出版社、作家出版社、《当代》杂志社、《十月》杂志社、《收获》杂志社、《诗刊》社、《文艺报》社等全国一些出版社、杂志社、报社等发来唁电，西安交通大学、西北工业大学、首都师范大学等国内一些大学发来唁电，哈萨克斯坦东干协会主席安胡塞、新西兰华文作家协会等国外一些组织的领导和文学艺术机构发来唁电。

作家艺术家王蒙、铁凝、白烨、白描、蒋子龙、冯骥才、赵玫、张炜、焦祖尧、李佩甫、周大新、赵本夫、叶文玲、王旭烽、麦家、臧军、梅卓、刘成章、范曾、李雪健等以个人的名义发来唁电或唁信。

4月30日，习近平、刘云山、王岐山、刘奇葆、赵乐际、栗战书、胡锦涛、曾庆红、李长春等党和国家领导人对陈忠实的逝世表示沉痛哀悼，向陈忠实家属表示亲切慰问，并委托中国作协和中共陕西省委敬送了花圈。

< 陈忠实去世，习近平总书记送花圈沉痛悼念

5月1日，李克强、张高丽、刘延东、朱镕基等党和国家领导人对陈忠实的逝世表示沉痛哀悼，向陈忠实家属表示亲切慰问，并委托中国作协和中共陕西省委敬送了花圈。

5月2日，温家宝对陈忠实的逝世表示沉痛哀悼，敬送了花圈。

4月30日上午，中共陕西省委书记、省人大常委会主任娄勤俭，中共陕西省委副书记、省长胡和平，全国政协外事委员会副主任马中平，省委常委、省委秘书长刘小燕，副省长杜航伟、姜锋等和部分省级老领导到陕西省作家协会吊唁，对陈忠实逝世表示沉痛哀悼，并敬送了花圈。

5月4日晚，中国作协主席铁凝、副主席李敬泽，在中共陕西省委宣传部副部长陈彦和陕西省作协主席贾平凹陪同下，专程到陈忠实家中吊唁。

雒树刚、黄坤明、铁凝、钱小芊、赵实、贾治邦、袁纯清、景俊海、任贤良、何建明等有关部门领导，韩勇、郭永平、姚引良、毛万春、刘小燕、陈强、高龙福、祝列克、梁桂、徐新荣等陕西省委、省人大、省政府、省政协领导，李希、李锦斌等一些省市领导，陕西省有关部门、市县、单位的负责人，近千家企事业单位、社会组织，或发来唁电、打来电话或敬送花圈，对陈忠实逝世表示沉痛哀悼。

陈忠实去世后，西安市城区的陕西省作家协会、白鹿原上的陈忠实文学馆和城区陈忠实的家分别设有悼念灵堂，从4月29日到5月4日，

各处灵堂每天都有成百上千的各界人士和普通群众前往吊唁。

关中民俗，老人去世要唱戏。陈忠实生前是个戏迷，陕西各路艺术家对陈忠实非常敬重，更有感情，他们相约着，到西安市建国路陕西省作家协会陈忠实灵堂外的院子里，为远行的陈忠实再唱一回戏。陕西省戏曲研究院秦腔团赵杨武率领一班演员，唱得震天撼地，刘六龙喊："忠实啊，秦腔，你听到了没有？"西安易俗社惠敏莉带着一班人也来了，她唱道："先生枕书驾鹤去，白鹿原上顿觉空。长歌当哭神州地，江河呜咽忆忠魂。"边唱边哭，泣不成声。被誉为"中国古代音乐的活化石"的西安市长安区何家营鼓乐社也来了，声韵锵锵，古韵悠悠。老腔艺术家一行九人由张喜民领队，自陕西华阴到了西安，缓步进入作家协会的大院，向陈忠实遗像三鞠躬之后环顾四周，见花圈如山，挽联如云，白了一片，便吩咐自己的人："摆家伙！"见长凳、短凳各列其位，锣、号、板胡各在其手，就说："陈老师，我送过你一袋面粉，你夸面粉有麦香。我今天还想送你一袋，让你蒸馒头，烙锅盔，只是你让谁接我呢？陈老师，你咋突然走了啊！"70岁的张喜民大哭一声，泣下沾襟，然后猛抡长凳，敲击着唱起来："他大舅他二舅都是他舅，高桌子低板凳都是木头，太阳圆月亮弯都在天上……"众人相围，随声而哭。

5月5日，陈忠实遗体告别仪式在西安举行。告别仪式由陕西省人民政府副省长姜锋主持，中共陕西省委常委、宣传部部长梁桂介绍生平。铁凝、马中平、韩勇、李敬泽、郭永平、毛万春、陈强、胡悦、白阿莹等，中组部、中宣部、中国作家协会等中央和国家有关部门领导和代表，专程从北京、上海等地赶来，送别的文学界人士何启治、管士光、周绚隆、刘稚、白烨、李建军、杨海蒂、陈歆耕等，艺术界人士濮存昕、张

∧ 2016年5月5日，陈忠实先生遗体告别仪式在凤栖山西安市殡仪馆举行。柏雨果摄

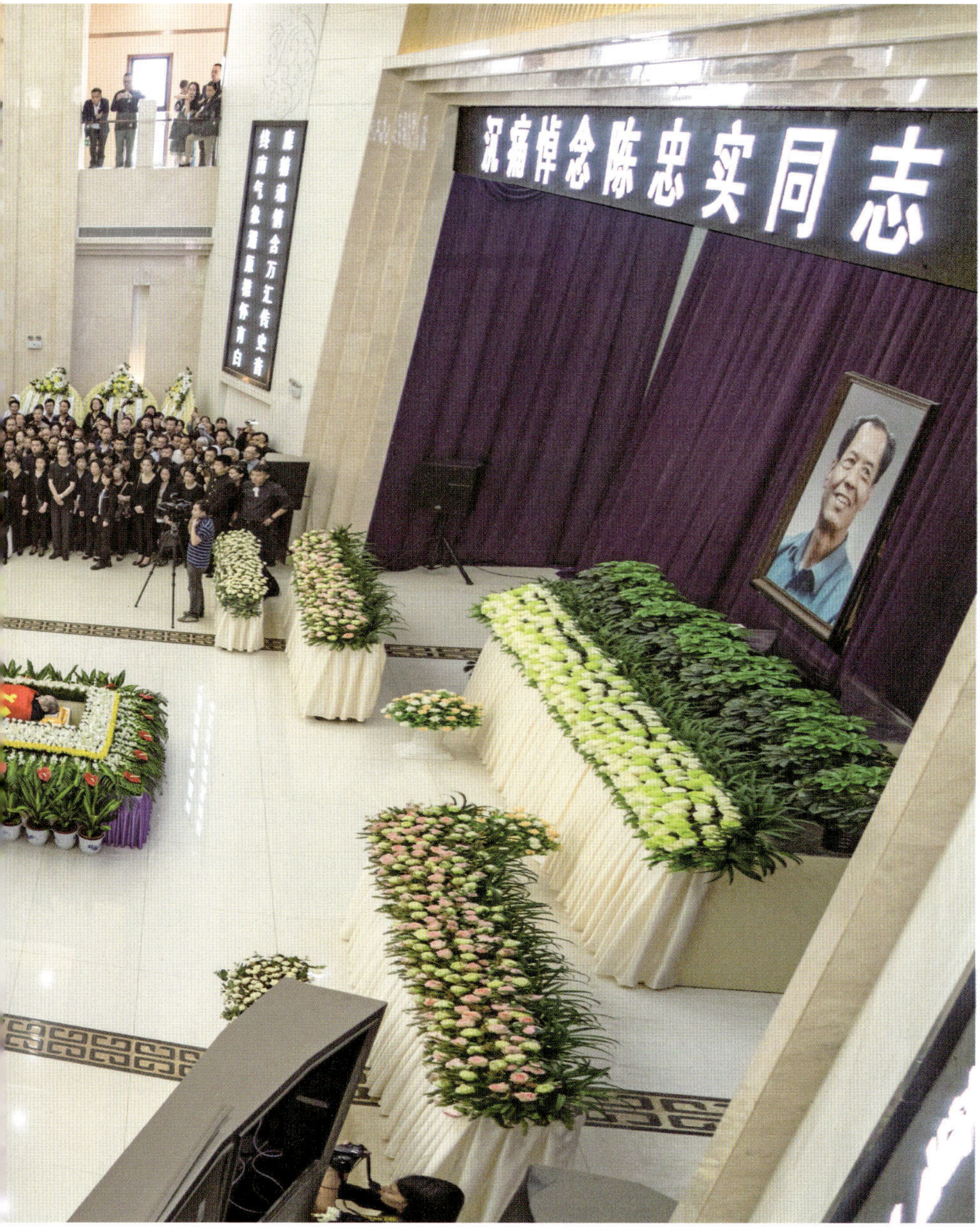
沉痛悼念陈忠实同志

铁林、张嘉译、许还山、郭达、吴京安、贠恩凤等，书画家刘文西、崔振宽、王西京、江文湛、雷珍民、李成海等，陕西省作协第六届主席团成员及陕西省作协机关干部，陈忠实生前亲友、同事，家乡代表以及社会各界群众代表数千人参加了遗体告别仪式。

这一天，前来送行陈忠实的普通民众更是人山人海，多达数千人。凌晨5点，便有人从商洛、渭南、咸阳直奔西安市殡仪馆。悼念大厅咸宁厅里挤满了人，门外还有数千人排着长队。他们中有人捧着花束，有人抬着花篮，有人拉着条幅，有人举着陈忠实的遗像，作家红柯则举着一册当年刊发《白鹿原》的《当代》杂志。年仅5岁的马欢行，就坐在他父亲的脖子上举着陈忠实的遗像。马欢行的父亲说："我带孩子为陈公送行。不能与李白、杜甫同时代，是一种无奈，但能与陈公同时代，却是一种幸运。"90岁的王玉娥，其丈夫是抗日老兵，因为陈忠实曾为"中国抗日老兵颂"题字，她感谢，也来送行。蓝田华胥镇的支德胥，是一位大夫，曾经为陈忠实治牙，陈忠实说送书给他，支以为这不过是陈忠实随口说说而已，岂料陈忠实果然托人送书给他。支德胥慨叹世有斯人，也来送行。灞桥席王的王吉仲，在1970年见过陈忠实。那时候，陈忠实是驻生产队的公社干部，他看到陈忠实把文章贴在墙上仔细修改，甚为惊奇。如今74岁的王吉仲，也来了。西安市第三十四中学是陈忠实的母校，学校几十个孩子站在一起，为先生送行。队列中不少人哭喊着："陈老师走好！陈老师走好！"

很多人说，陈忠实的葬礼是史上最隆重的作家葬礼之一。

附录一 / 陈忠实年表

1942年8月3日，农历六月二十二，出生于西安市灞桥区席王街道办事处（先后属毛西乡、毛西公社、霸陵乡）西蒋村。

1958年11月4日，在《西安日报》发表诗歌《钢、粮颂》。

1961年1月26日，加入中国共产主义青年团。

1962年7月，毕业于西安市第三十四中学。

1963年，在蒋村四年制初级小学当民请老师。

1965年，在毛西公社农业中学任教。3月8日，在《西安晚报》文艺副刊上发表散文处女作《夜过流沙沟》。

1966年2月12日，加入中国共产党。

1971年，借调立新（原毛西）公社工作，任公社卫生院革命领导小组组长。

1973年5月8日，任毛西公社革委会副主任。7月，在《陕西文艺》第1期即创刊号上发表散文《水库情深》。11月，在《陕西文艺》第3期上发表短篇小说《接班以后》。

1979年，短篇小说《信任》在《陕西日报》发表并由《人民文学》转载。后获中国作协1979年全国优秀短篇小说奖。

1980年4月5日，任灞桥区文化局副局长兼该区文化馆副馆长。

1982年11月，调入中国作家协会西安分会（即后来的陕西省作家协会）从事专业创作。

1985—1993年，任陕西省作家协会副主席、党组成员。

1988年4月1日，开始创作长篇小说《白鹿原》。

1990年10月，与田长山合作创作报告文学《渭北高原，关于一个人的记忆》，后获1990—1991年全国报告文学奖。

1992年1月29日（农历1991年十二月二十五），《白鹿原》书稿写完。约50万字。12月20日，《当代》第6期刊载《白鹿原》（上）。

1993年2月20日，《当代》第1期刊载《白鹿原》（下）。6月，《白鹿原》由人民文学出版社出书。

1993—2007年，任陕西省作家协会主席、党组成员。

1993年3月11日，中共陕西省委宣传部发文任命陈忠实为《延河》编辑部主编。

1996年10月，日本中央公论社出版《白鹿原》日文版。

1997年12月，中国作家协会第四届茅盾文学奖揭晓，人民文学出版社于本年12月出版的《白鹿原》（修订本）获奖。同月，《白鹿原》（五卷）由韩国文院出版韩文版。

2000年，越南岘港出版社出版《白鹿原》越南文版。

2001—2016年，任中国作家协会副主席。

2007年9月20日，短篇小说《日子》获首届蒲松龄小说奖。10月10日，获中共陕西省委、陕西省人民政府主办的首届陕西文艺大奖"艺术成就奖"。11月11日，短篇小说《李十三推磨》获人民文学奖。

2007—2016年，任陕西省作协名誉主席、党组成员。

2008年12月，由深圳读书月组委会、深圳报业集团主办的"影响中国人的30年30本书"文史类读物评选活动，经过全国专家与读者的共同推选，《白鹿原》等30本优秀文史图书入选。该活动经过一个月的公众自由推荐和出版社推荐，一个月的网络票选及手机短信投票，从30年来的文史类出版物中筛选出了100本候选书目，最终由来自中国内地、香港与台湾的读书界专家组成的评委进行终评，入选书目既考虑其"历史的重要性",也考量其"本身的价值"。

2010年3月,为盘点三十年(1979—2009)长篇小说创作的成就,《钟山》杂志邀约12位知名评论家,从纯粹的文学标准出发,投票(公开)选出他们认为最好的十部作品并简述理由,排名第一位的是《白鹿原》。

2012年5月,《白鹿原》法文本由法国色依出版社出版。

2013年,出资(用自己的稿费)由人民文学出版社设立"白鹿当代文学编辑奖",并出席首届颁奖典礼。

2016年4月29日,在西安逝世,享年74岁。

附录二 / 陈忠实著作年表

1.《乡村》（短篇小说集），陕西人民出版社，1982年7月第1版第1次印刷。印数：3 000册。定价：0.66元。

2.《初夏》（中篇小说集），上海文艺出版社，1986年6月第1版第1次印刷。印数：3 400册。定价：1.95元。责任编辑：张贺琴。

3.《四妹子》（中篇小说集），中原农民出版社，1988年4月第1版第1次印刷。印数：5 460册。定价：3.50元。责任编辑：李明性。

4.《创作感受谈》（文论集），陕西人民出版社，1991年1月第1版第1次印刷。印数：1 500册。定价：3.15元。责任编辑：肖重声。

5.《到老白杨树背后去》（短篇小说集），陕西人民教育出版社，1991年1月第1版第1次印刷。印数：4 600册。定价：2.70元。责任编辑：赵常安。

6.《夭折》（中篇小说集），陕西人民出版社，1992年12月第1版第1次印刷。印数：1 000册。定价：4.75元。

7.《白鹿原》（长篇小说），人民文学出版社，1993年6月第1版第1次印刷。印数：14 850册。定价：12.95元。责任编辑：刘会军、高贤均、何启治。

8.《陈忠实短篇小说选萃》，西安出版社，1993年9月第1版第1次印刷。印数：10 000册。定价：6.45元。

9.《陈忠实中篇小说选萃》，西安出版社，1993年9月第1版第1次印刷。印数：10 000册。定价：7.80元。责任编辑：寇崇珖。

10.《白鹿原》（长篇小说），香港天地图书有限公司，1993年11月第1版。定价：港币80元。

11.《陈忠实爱情小说选》，太白文艺出版社，1993年11月第1版第

1次印刷。印数：10 000册。定价：13.80元（平）。责任编辑：肖重声。

12.《蓝袍先生》（中篇小说集），中国文学出版社，1993年第1版。

13.《白鹿原》（长篇小说），台湾新锐出版社，1994年1月第1版。

14.《蓝袍先生》（获奖小说选），作家出版社，1994年2月北京第1版第1次印刷。印数：10 100册。定价：12.10元。责任编辑：潘婧。

15.《初夏》（中篇单行本），陕西人民出版社，1994年4月第1版第1次印刷。印数：5 000册。定价：9.80元。责任编辑：孔明。

16.《地窖》（中篇小说集），台湾汉湘文化事业股份有限公司，1994年4月第1版。编辑：巫晓维。定价：台币250元。

17.《陈忠实小说自选集》（中国当代作家文库，三卷），华夏出版社，1999年1月北京第1版第3次印刷。定价：71.40元。

18.《陈忠实小说精选》，太白文艺出版社，1996年2月第1版第1次印刷。印数10 000册。定价：22.50元。

19.《陈忠实文集》（五卷），太白文艺出版社，1996年8月第1版第1次印刷。印数：10 000套。定价：118.00元。责任编辑：朱鸿。

20.《生命之雨——陈忠实自选散文集》，陕西人民教育出版社，1996年8月第1版第1次印刷。印数：5 000册。定价（简精）：26.00元。责任编辑：王桔喆。

21.《陈忠实创作申诉》（文论集），花城出版社，1996年9月第1版第1次印刷。印数：10 000册。定价：11.80元。

22.《白鹿原》（长篇小说），日本，中央公论社（日文版），1996年10月第1版。译者：林芳。

23.《白鹿原》（长篇小说），五卷，韩国，韩国文院（韩文版），

1997年第1版。

24.《白鹿原》(修订本)，人民文学出版社，1993年6月北京第1版，1997年12月第2版。1997年12月北京第9次印刷。印数：5 000册。定价：22.50元。责任编辑：刘会军、高贤均、何启治。

25.《告别白鸽》(散文集)，湖南文艺出版社，1998年3月第1版第2次印刷。印数：14 000册。定价：12.60元。责任编辑：邓映如。

26.《陈忠实散文》，华夏出版社，1999年1月北京第1版第1次印刷。印数：6 000册。定价：8.80元。

27.《陈忠实小说精选》(二卷)，台湾金安出版社，1999年4月版。定价：新台币200元。编辑：李碧珍。

28.《康家小院》(中篇小说集)，河南文艺出版社，1999年5月第1版第1次印刷。印数：4 000册。定价：16.40元。责任编辑：张丽侠。

29.《白鹿原》(长篇小说，上下册)，台湾金安文教机构，2000年2月第1版。定价：台币550元。这个版本内容用的是"初版本"内容。

30.《白鹿原》(百年百种优秀中国文学图书)，人民文学出版社，2001年3月河北第2次印刷。印数10 000册。定价：28.00元。这个版本内容用的是"初版本"内容。

31.《白鹿原》(长篇小说)，蒙古文本，译者：敖特根、色旺吉格吉德等。内蒙古人民出版社，2000年10月第1版第1次印刷。印数：2 000册。定价：28.00元。

32.《家之脉》(散文集)，广州出版社，2000年10月第1版第2次印刷。印数：5 000册。定价：18.00元。责任编辑：余正平。

33.《白鹿原》(长篇小说)，越南，岘港出版社(越南文)，2000年第

1版。

34.《走出白鹿原》(散文集),陕西旅游出版社,2001年1月第1版第1次印刷。印数:10000册。定价:18.00元。责任编辑:薛放、全力。

35.《陈忠实》(中国当代作家选集)人民文学出版社,2002年1月第1版第1次印刷。印数:5000册。定价:26.60元。责任编辑:李建军。

36.《白鹿原》(大学生必读本),人民文学出版社,1993年6月第1版,1997年12月第2版。所见该书版权页标明为2003年1月河北第3次印刷,印数:5000册。定价:29.80元。这个版本内容用的是"修订本"内容。

37.《日子》(小说散文集),陕西旅游出版社,2002年1月第1版第1次印刷。印数:10000册。定价:22.00元。

38.《陈忠实散文》,解放军出版社,2002年9月第1版第1次印刷。印数:8000册。定价:22.00元。

39.《原下集》(西部情丛书),上海人民出版社,2002年9月第1版第1次印刷。印数:10000册。定价:16.00元。责任编辑:陈莉莉。

40.《走向诺贝尔·陈忠实卷》,文化艺术出版社,2002年10月第1版第1次印刷。印数:10100册。定价:22.00元。责任编辑:蔡志翔、董耘。

41.《原下的日子》(小说散文集),太白文艺出版社,2004年1月第1版第1次印刷。印数:5000册。定价:29.80元。

42.《陈忠实小说自选集·长篇小说卷》,长江文艺出版社,2004年1月第1版第1次印刷。印数:20000册。定价:28.00元。责任编辑:周百义。

43.《陈忠实小说自选集·短篇小说卷》,长江文艺出版社,2004年2月第1版第1次印刷。印数:8 000册。定价:28.00元。责任编辑:张远林。

44.《陈忠实小说自选集·中篇小说卷》,长江文艺出版社,2004年1月第1版第1次印刷。印数:8 000册。定价:28.00元。责任编辑:胡敦焕。

45.《白鹿原》(中国文库),人民文学出版社,2004年3月第1版第1次印刷。印数:15 000册。定价:28.00元。责任编辑:刘会军。

46.《陈忠实文集》(七卷),广州出版社,2004年5月第1版第1次印刷。印数:6 000套。定价:176.00元。责任编辑:杨斌。

47.《关中故事》(短篇小说集),昆仑出版社,2004年5月第1版北京第1次印刷。印数:10 100册。定价:29.00元。

48.《白鹿原》(中国当代名家长篇小说代表作),人民文学出版社,1993年6月第1版,2004年5月第1次印刷。印数:20 000册。定价:30.00元。责任编辑:刘会军、高贤均、何启治。这个版本用的是"初版本"内容。

49.《白鹿原》(中国文库·精装本),人民文学出版社,2004年7月第1版第1次印刷。印数:500册。定价:53.00元。这个版本用的是"修订本"内容。责任编辑:刘会军、高贤均、何启治。

50.《白鹿原》(茅盾文学奖获奖作品全集),人民文学出版社,1993年6月第1版,1997年12月第2版,2005年1月第1次印刷。印数:20 000册。定价:31.00元。这个版本用的是"修订本"内容。责任编辑：刘会军、高贤均、何启治。

51.《康家小院》(当代名家自选精品丛书)，中国社会出版社，2005年7月第1版第1次印刷。定价 25.00 元。责任编辑：牟洁。

52.《陈忠实精选集》，北京燕山出版社，2006年2月第1版第1次印刷。定价：20.00 元。责任编辑：陈果、李江华。

53.《关于一条河的记忆》(品读名家系列)，中国社会出版社，2006年10月第1版第1次印刷。定价：15.00 元。责任编辑：牟洁。

54.《凭什么活着》(散文随笔集)，时代文艺出版社，2007年1月第1版第1次印刷。定价：25.00 元。责任编辑：李天卿。

55.《我的行走笔记》(散文随笔集)，时代文艺出版社，2007年5月第1版第1次印刷。定价：22.00 元。责任编辑：李天卿。

56.《关中风月》(西部羊皮书·小说系列)，东方出版中心，2007年8月第1版第1次印刷。定价：30.00 元。责任编辑：范文渊。

57.《我的关中我的原》(新视觉书坊)，学林出版社，2007年8月第1版第1次印刷。印数：8 000 册。定价：28.00 元。责任编辑：乐惟清。

58.《乡土关中》(散文随笔集)，中国旅游出版社，2008年1月第1版第1次印刷。印数：10 000 册。定价：28.00 元。摄影：王蓬等。责任编辑：王建华。

59.《四妹子》(中篇小说集)，时代文艺出版社，2008年1月第1版第1次印刷。定价：22.00 元。责任编辑：李天卿。

60.《白鹿原：评点本》，雷达评点，文化艺术出版社，2008年1月第1版第1次印刷。印数：15 000 册。定价：38.00 元。责任编辑：李恩祥。

61.《陈忠实自选集》，海南出版社，2008年1月第1版第1次印刷。

定价：48.00元。责任编辑：刘靖。

62.《吟诵关中——陈忠实最新作品集》，重庆出版社，2008年3月第1版第1次印刷。印数：10 000册，定价：32.00元。责任编辑：罗玉平、寇德江。

63.《白鹿原》（陈忠实集），北京十月文艺出版社，2008年5月第1版第1次印刷。定价：36.00元。

64.《第一刀》，北京十月文艺出版社，2008年7月第1版第1次印刷。定价：29.80元。

65.《蓝袍先生》，北京十月文艺出版社，2008年8月第1版第1次印刷。定价：29.80元。

66.《原下的日子》（陈忠实集·散文卷），北京十月文艺出版社，2008年8月第1版第1次印刷。定价：28.00元。

67.《陈忠实散文精选集》，新世界出版社，2008年9月第1版第1次印刷。定价：29.80元。责任编辑：陈黎明。

68.《秦风》（大雅中国风系列），雏志俭等绘图，华东师范大学出版社，2008年11月第1版第1次印刷。印数：6 000册。定价：29.80元。

69.《陈忠实小说》，评点本，何西来评点，文化艺术出版社，2008年11月第1版第1次印刷。印数：7 000册。定价：33.00元。责任编辑：张勍倩。

70.《陈忠实散文》，评点本，古耜评点，文化艺术出版社，2009年1月第1版第1次印刷。印数：7 000册。定价：28.00元。责任编辑：周进生。

71.《陈忠实精选集——轱辘子客》（世纪文学60家），北京燕山出版社，2009年4月第2版第2次印刷。定价：29.80元。责任编辑：陈果、李江华、里功。

72.《白鹿原》（共和国作家文库），作家出版社，2009年4月第1版第1次印刷。定价：38.00元。责任编辑：张亚丽。

73.《回首往事》（短篇小说集），中国盲文出版社，2009年4月第1版第1次印刷。定价：26.00元。（版权页注：此书盲文版同时出版，盲人读者可免费借阅）

74.《默默此情》（散文集），中国盲文出版社，2009年4月第1版第1次印刷。定价：26.00元。（版权页注：此书盲文版同时出版，盲人读者可免费借阅）

75.《白鹿原》（新中国60年长篇小说典藏），人民文学出版社，1997年12月第1版，2009年7月第1次印刷。印数：4000册。定价：46.00元。

76.《白鹿原》（1949—2009共和国作家文库），作家出版社，2009年8月第1版第1次印刷。定价：60.00元。责任编辑：张亚丽。

77.《寻找属于自己的句子》，上海文艺出版社，2009年8月第1版第1次印刷。定价：25.00元。责任编辑：修晓林。

78.《在河之洲》（名家经典点评系列），何启治点评，广东教育出版社，2010年8月第1版第1次印刷。印数：5 000册。定价：27.00元。责任编辑：吴曼华。

79.《白鹿原》（当代陕西文艺精品），人民文学出版社、陕西人民出版社，1993年6月北京第1版，2010年10月第1次印刷。印数：2 000册。定价：65.00元。责任编辑：刘稚、邓积仓、陈昕。

80.《寻找属于自己的句子》（大家自述史系列），北京大学出版社，2011年1月第1版第1次印刷。定价：39.00元。责任编辑：王炜烨。

81.《白鹿原》（语文新课标必读丛书），节选本，时代文艺出版社，2011年1月第1版第1次印刷。定价：24.80元。责任编辑：王默涵。

82.《白鹿原》，线装本，三卷，作家出版社，2011年9月第1版。印数：2 000册。定价：480元。责任编辑：王宝生。

83. Au Pays du Cerf blanc（《白鹿原》法文本），法国色依出版社（Editions du Seuil）2012年5月第1版，定价：25欧元。译者：邵宝庆、Solange Cruveille。

84.《接通地脉》（散文集），作家出版社，2012年6月第1版第1次印刷。印数：10 000册。定价：35.00元。责任编辑：张亚丽、秦悦。

85.《白鹿原》，20周年纪念版，有插图（电影《白鹿原》布景画稿），人民文学出版社，1993年6月第1版，2012年8月第1次印刷。印数：50 000册。定价：39.00元。责任编辑：刘稚。

86.《陈忠实集·中篇小说卷·夭折》，长江文艺出版社，2012年8月第1版第1次印刷。定价：32.00元。责任编辑：程华清。

87.《陈忠实集·短篇小说卷·失重》，长江文艺出版社，2012年8月第1版第1次印刷。定价：32.00元。责任编辑：程华清。

88.《〈白鹿原〉手稿本》（全四册），人民文学出版社，2012年9月北京第1版第1次印刷。印数：3 000册。定价：960.00元。责任编辑：付艳霞。

89.《陈忠实解读陕西人》，冯希哲编，陕西师范大学出版总社有限公司，2012年9月第1版第1次印刷。定价：48.00元。责任编辑：巩亚男。

90.《漕渠三月三》（当代大家散文丛书），王必胜主编，线装书局，2012年12月第1版第1次印刷。印数：800册。定价：92.00元。责任编辑：李琳。

91.《释疑者》（茅盾文学奖获奖作家的短经典），人民文学出版社，2013年1月第1版第1次印刷。印数：10 000册。定价：26.00元。责任编辑：付艳霞。

92.《蓝袍先生》（茅盾文学奖获奖者小说丛书），江苏文艺出版社，2013年1月第1版第1次印刷。定价：29.00元。责任编辑：郝鹏、孙金荣。

93.《霞光灿烂的早晨》，重庆出版社，2013年1月第1版第1次印刷。定价：32.00元。责任编辑：张好好。

94.《拥有一方绿荫》（当代著名作家美文书系），中国文史出版社，2013年1月第1版第1次印刷。定价：35.00元。责任编辑：李晓薇。

95.《康家小院》（茅盾文学奖获奖作家丛书），中国社会出版社，2013年2月第1版第1次印刷。定价：29.80元。责任编辑：牟洁。

96.《白鹿原上》，江苏文艺出版社，2013年2月第1版第1次印刷。定价：29.80元。责任编辑：刘佳、王一冰。

97.《陈忠实小说自选集》，新世界出版社，2013年3月第1版第1次印刷。定价：29.00元。责任编辑：赵涛、张杰楠。

98.《白鹿原》，维吾尔文，吾买尔江·阿木提译，新疆美术摄影出版社、新疆电子音像出版社，第1、2、3册，2013年5月第1版，2013年7月第1次印刷；第4册，2013年7月第1版第1次印刷。各册定价：第 1 册，22.35 元；第 2 册，22.35 元；第 3 册，22.35 元；第 4 册，20.16 元。

99.《白鹿原》，柯尔克孜文，上下册，上册：吐尔地·买买提吐尔孙译，下册：哈择别克·哈热别克，阿斯卡尔·库尔曼译，克孜勒苏柯尔克孜文出版社，2013 年 5 月第 1 版第 1 次印刷。印数：700 册。定价：上册，74.00 元；下册，86.00 元。

100.《白鹿原》，锡伯文，上下册，上册：孔淑瑞译，下册：林昌译，新疆人民出版社，2013 年 8 月第 1 版第 1 次印刷。印数：290 册。定价：上册，210.50 元；下册，252.30 元。

101.《白鹿原》（茅盾文学奖获奖作品全集），人民文学出版社，1993 年 6 月第 1 版，1997 年 12 月北京第 2 版，2013 年 8 月北京第 1 次印刷。定价：36.00 元。责任编辑：刘稚。

102.《日子》（中国短经典丛书），上海文艺出版社，2013 年 10 月第 1 版第 1 次印刷。定价：30.00 元。责任编辑：修晓林。

103.《白墙无字》（作家文库系列），西安出版社，2013 年 10 月第 1 版第 1 次印刷。定价：38.00 元。

104.《此身安处是吾乡：陈忠实说故乡》，华中科技大学出版社，2014 年 3 月第 1 版第 1 次印刷。定价：29.80 元。责任编辑：许晓善。

105.《梅花香自苦寒来：陈忠实自述人生路》，华中科技大学出版社，2014 年 3 月第 1 版第 1 次印刷。定价：29.80 元。责任编辑：许晓善。

106.《猫与鼠　也缠绵》（有价值悦读），人民文学出版社，2014 年 6 月第 1 版第 1 次印刷。印数：8 000 册。定价：28.00 元。责任编辑：刘稚。

107.《白鹿原》(现当代长篇小说经典)，长江文艺出版社，2014年7月第1版第1次印刷。定价：38.00元。责任编辑：程华清。

108.《陈忠实精选集》，北京燕山出版社，2015年6月第1版第1次印刷。定价：35.00元。责任编辑：尚燕彬、王滢。

109.《白鹿原纪事》，四川文艺出版社，2015年8月第1版第1次印刷。定价：45.00元。责任编辑：孙学良。

110.《生命对我足够深情》(大家人生)，时代文艺出版社，2016年2月第1版第1次印刷。定价：48元。责任编辑：李天卿、刘越新。

111.《陈忠实文集》(十卷)，人民文学出版社，2016年4月第1版第1次印刷。定价：380元。责任编辑：刘稚。

112.《白鹿原头信马行》，四川文艺出版社，2016年7月第1版第1次印刷。定价：45.00元。责任编辑：孙学良。

其他：

《陈忠实集外集》，白鹿书院、陈忠实文学馆，2011年10月印行。

改编、移植：

1.《接班以后》(连环画)，茹桂、王韶之改编，华山机械厂王三县、《延安画刊》记者绘图，陕西人民出版社，1975年8月第1版第1次印刷，定价：0.08元。

2.《高家兄弟》(连环画)，何忠社、王永祥改编，陕西省艺术学院美术系连环画学习小组绘画，陕西人民出版社，1976年6月第1版第1次印刷。定价：0.08元。

3.《白鹿原》(连环画),石良改编,李志武绘画,人民美术出版社,2002年10月第1版。印数:2 000册。定价:75.00元。责任编辑:夏丽、徐永林。